Le droit congolais de la propriété intellectuelle

Starmans BOFOE LOKANGU

Le droit congolais de la propriété intellectuelle

Préface d'Evariste-Prince FUNGA MOLIMA M.
Juge à la Cour constitutionnelle de la RDC

L'Harmattan

Du même auteur

Fiscalité des Organisations et des Ressources naturelles en République démocratique du Congo, L'Harmattan, Paris, 2021.

Droit fiscal et Procédures fiscales en République démocratique du Congo, Théories Générales, L'Harmattan, Paris, 2021.

La criminalité pharmaceutique en République démocratique du Congo, Une véritable menace au droit à la santé, L'Harmattan, Paris, 2019.

Le droit à la santé en droit positif congolais, Utopisme de mise en œuvre d'un droit fondamental, Éditions Universitaires Européennes, Berlin, 2018.

5-7, rue de l'École-Polytechnique, 75005 Paris

http://www.editions-harmattan.fr

ISBN : 978-2-343-25276-6
EAN : 9782343252766

Sommaire

Préface

C'est pour moi un immense honneur de préfacer l'ouvrage intitulé ***Le droit congolais de la propriété intellectuelle,*** écrit par le Professeur Starmans BOFOE LOKANGU dont j'ai eu le privilège d'orienter les premiers pas du *cursus* universitaire comme étudiant en droit, au moment où j'assumais encore la fonction enseignante à la faculté de droit de l'Université de Kisangani.

Le caractère pointu de la réflexion sur une problématique aussi complexe qu'à peine explorée, la pertinence et la clarté de ses analyses, reflet de sa passion par la recherche fondamentale attestent aujourd'hui, sans conteste, les qualités intellectuelles et scientifiques de l'auteur.

Dans cet ouvrage, l'auteur analyse le cadre juridique et institutionnel de la protection des œuvres de l'esprit représentant une valeur patrimoniale.

In specie, il démontre que la compréhension du droit congolais de la propriété intellectuelle passe par le décryptage de la loi n° 82-001 du 7 janvier 1982 régissant la propriété industrielle et de l'ordonnance-loi n° 86-033 du 5 avril 1986 portant protection des droits d'auteurs et droits voisins.

Malheureusement après environ quatre décennies, ce cadre législatif continue à présenter d'énormes lacunes qu'il faille combler pour l'adapter au contexte actuel de la science et des nouvelles technologies de l'information et de la communication et surtout se conformer aux différents instruments juridiques internationaux auxquels la RDC a adhéré, car une législation ne doit pas être statique.

L'auteur constate que, dotée d'un potentiel énorme en inventions, œuvres musicales, artistiques et littéraires, la RDC peut contribuer elle-même, à travers une loi moderne et appropriée, à une amélioration substantielle des conditions socio-économiques des inventeurs, des musiciens et autres des artistes, même si elle ne dispose pas encore d'une capacité technologique suffisante.

Au plan institutionnel, il est frappant de constater les balbutiements dans la gestion de la Société congolaise des droits d'auteur qui n'arrive pas assurer efficacement l'encadrement des auteurs et artistes affiliés.

Aux termes de ses analyses, je suis d'avis avec l'auteur que certains aspects de protection juridique et judiciaire des droits intellectuels sont renforcés par la loi organique n° 18-020 du 09 juillet 2018 relative à la liberté de prix et à la concurrence.

Ainsi, je n'hésite pas un seul instant à le remercier de sa remarquable œuvre, en vue de fournir au monde scientifique et juridique un outil précieux et désormais incontournable pour toute recherche sur la protection et la promotion des œuvres d'esprit. Puisse sa fécondité intellectuelle et scientifique s'exprimer davantage à travers d'autres publications de la même facture.

Très cher Professeur Starmans BOFOE LOKANGU, je tiens à vous dire qu'étant un de vos premiers guides sur le chemin sinueux et escarpé de l'apprentissage de la science juridique, je suis très fier de vous. Vous faites réellement honneur à votre faculté de Droit, sur laquelle très peu, alors vraiment très peu de juristes de l'époque, pouvaient parier, eux qui me reprochaient même de m'être engagé dans une aventure sans issue, lorsque je m'employais depuis 1995 déjà, à la préparation du projet de cette faculté, sous le contrôle et la bénédiction de quelques aînés à qui je rends ici un vibrant hommage.

Que feu le Professeur LOFO LIANDE d'heureuse mémoire, alors Recteur de l'Université de Kisangani, votre alma mater, le Professeur Frédéric ESSISSO ASIA AMANI, alors doyen de la Faculté des Sciences sociales, administratives et politiques de la même université, et le Professeur Norbert LIKULIA BOLONGO de l'Université de Kinshasa, ainsi que tous ceux qui, de loin ou de près, ont participé à cette exaltante entreprise, trouvent dans cet ouvrage un des fruits de leur détermination et de leur abnégation sans limites pour l'épanouissement scientifique de la jeunesse de notre pays.

Je ne peux que vivement recommander aux chercheurs, étudiants et praticiens du droit la lecture de cet intéressant ouvrage qui fait œuvre d'innovation dans la littérature juridique congolaise.

Bon vent à l'ouvrage sur ***Le droit congolais de la propriété intellectuelle*** du Professeur Starmans BOFOE LOKANGU !

Fait à Kinshasa, le 16 décembre 2021.

Evariste – Prince FUNGA MOLIMA MWATA
Juge à la Cour constitutionnelle de la RDC

Listes d'abréviations et sigles

ADPIC : Aspects des droits de propriété intellectuelle touchant au commerce
AMCC : Association des musiciens chrétiens du Congo
CISAC : Conférence internationale des sociétés d'auteurs et compositeurs
DGDA : Direction générale de douanes et accises
DMI : Dessins et modèles industriels
OAPI: Organisation africaine de la propriété intellectuelle
OCC : Office congolais de contrôle
OHADA : Organisation pour l'harmonisation du droit des affaires
OMC: Organisation mondiale du commerce
OMPI: Organisation mondiale de la propriété intellectuelle
PCA : Président du conseil d'administration
PNC: Police nationale congolaise
PNUD: Programme des Nations-unies pour le développement
PUF: Presses universitaires de France
RDC: République démocratique du Congo
SOCODA: Société congolaise des droits d'auteur
SONECA: Société nationale des éditeurs, compositeurs et auteurs
TGI: Tribunal de grande instance
UMUCO: Union des musiciens congolais
UNIKIS: Université de Kisangani
USB: Universal serial bus.

Introduction

0.1. La définition du droit de la propriété intellectuelle

Le droit de la propriété intellectuelle est un ensemble des règles juridiques visant à protéger les créations d'œuvres intellectuelles. Ces règles sont soit d'ordre conventionnel, légal ou réglementaire. C'est ce qui fait que la propriété intellectuelle soit donc le domaine comportant l'ensemble des droits exclusifs accordés sur des créations intellectuelles.

Elle comporte deux branches :

- ***la propriété industrielle*** qui regroupe elle-même, d'une part, les créations utilitaires, comme le brevet d'invention et le certificat d'obtention végétale ou au contraire un droit de protection *sui generis* des obtentions végétales, et, d'autre part, les signes distinctifs, notamment la marque commerciale, le nom de domaine et l'appellation d'origine.
- ***la propriété littéraire et artistique*** qui s'applique aux œuvres de l'esprit, est composée du droit d'auteur et des droits voisins.

La propriété intellectuelle comprend un droit moral (*extra-patrimonial*) qui est le seul droit attaché à la personne de l'auteur de l'œuvre qui soit perpétuel, inaliénable et imprescriptible, et qui s'applique donc *post mortem*, même après que l'œuvre est placée dans le domaine public.

C'est l'œuvre résultante, et sa forme, qui sont protégées, non les idées et les informations qui en sont à l'origine, et qui, elles, restent libres de droit. Ainsi, le « résumé » d'une œuvre écrite, ou la citation d'un titre dans une bibliographie ne sont pas considérés comme un emprunt à ce qui est protégé par le droit d'auteur dans l'œuvre.

0.2. La nécessité de la protection de la propriété intellectuelle

La propriété intellectuelle mérite d'être protégée au même titre que les autres. On sait que les inventions présentent pour l'inventeur *a priori* un facteur économique.

En effet, s'il est vrai que des gros moyens financiers sont souvent mis en œuvre pour arriver à réaliser une invention, ces moyens s'incorporent dans le produit et se traduisent par l'exploitation (commerciale dans les recettes).

Il est aussi vrai que le danger de copie de ces inventions est grand d'abord parce que la technologie évolue à une vitesse considérable, ensuite parce que la procédure de piratage des produits est facile et n'occasionne pas beaucoup de dépenses.

En outre, il y a des inventions dont on peut faire apport dans la création d'une société ; c'est l'apport en industrie. Ce genre d'apport représente une valeur commerciale au même titre que les autres apports en nature ou en espèce. Il sera ainsi tenu compte de la valeur commerciale de cette invention dans la répartition des parts sociales.

Si un inventeur qui ferait apport en industrie n'était pas protégé de ses inventions, les industries ou même les personnes intéressées à ses produits feraient appel à un actionnaire qui serait capable à des moindres frais de les pirater sans craindre une action en contrefaction.

0.3. Les sources du droit de la propriété intellectuelle

Plusieurs instruments juridiques internationaux et internes protègent le droit de la propriété intellectuelle.

Donc, les sources du droit de la propriété intellectuelle relèvent tant de l'ordre international que de l'ordre national.

Au plan international, il appert de signaler :

1. la convention de Paris de 1883 sur la protection de la propriété industrielle ;
2. la convention de Berne de 1886 sur la protection des œuvres littéraires et artistiques, mise à jour en 1908 ;
3. la convention de Rome de 1961 sur la protection des artistes interprètes ou exécutants, des productions de phonogrammes et organisme de radiodiffusion ;
4. le traité sur la propriété intellectuelle en matière de droits intégrés (Traité IPIC) adopté à Washington le 26 mai 1989 ;
5. l'Organisation mondiale de la propriété intellectuelle fondée le 14 juillet 1967 par l'Acte de Stockholm entré en vigueur le 26 avril 1970 avec des dispositions mises à jour dans les conventions de Paris et de Berne ;
6. l'Organisation mondiale du commerce : Accord de Marrakech constituant l'aboutissement du cycle d'Uruguay, notamment l'accord sur les droits de propriété intellectuelle touchant au commerce (ADPIC).

Au plan national, les principaux textes juridiques en vigueur sont :

- Constitution du 18 février 2006 telle que modifiée par la loi n° 11/002 du 20 janvier 2011 portant révision de certains articles de la constitution de la RDC du 18 février 2006 ;
- la loi n° 82-001 du 7 janvier 1982 régissant la propriété industrielle ;
- la loi n° 86-033 du 5 avril 1986 portant protection des droits d'auteur et les droits voisins.

0.4. La charpente de l'ouvrage

Le droit de la propriété intellectuelle comprend le droit de propriété industrielle et les droits d'auteur. Il constitue une variété du droit de la clientèle dont les traits spécifiques résident dans ce que l'activité créatrice repose sur l'œuvre de l'esprit.

L'ouvrage aborde, outre l'introduction et la conclusion, deux chapitres consacrés respectivement à la législation congolaise sur la propriété industrielle (chapitre I) ainsi qu'à la législation congolaise sur les droits d'auteur et droits voisins (chapitre II).

Chapitre I

LA LEGISLATION CONGOLAISE SUR LA PROPRIETE INDUSTRIELLE

La propriété industrielle a toujours été protégée dans les Etats organisés parce qu'elle constitue une valeur comptable, une richesse pour les particuliers mais aussi pour la nation.

L'article 46 alinéa 2 de la Constitution de la RDC du 18 février 2006 renseigne que les droits d'auteur et de propriété intellectuelle sont garantis et protégés par la loi. L'Etat tient compte, dans l'accomplissement de ses tâches, de la diversité culturelle du pays. Il protège le patrimoine culturel national et en assure la promotion.

En RDC, la propriété industrielle a pour base légale la loi 82-001 du 07 janvier 1982 et l'ordonnance n° 89/173 du 07 août 1989 portant mesure d'exécution de la loi susvisée.

Cette loi assure la protection des droits des détenteurs des titres de propriété industrielle en leur accordant des monopoles de reproduction et d'exploitation pour récompenser les activités qui aboutissent à des résultats susceptibles d'être exploités comme objets d'industrie ou de commerce.

Ainsi, conformément à l'article 2 de la loi n° 82-001 du 07 janvier 1982 régissant la propriété industrielle, les activités qui donnent lieu à des titres susceptibles d'être exploités comme objet d'industrie ou de commerce sont[1] :

---

[1] Article 2 de la loi n°82-001 du 7 janvier 1982.

- les inventions ;
- les dessins et modèles industriels ;
- les signes distinctifs ;
- les dénominations commerciales et géographiques ;
- les marques ;
- les indications géographiques ;
- les enseignes publicitaires.

Toutefois, les découvertes visées à l'article 13 de la loi sous examen[2] peuvent faire l'objet d'un titre appelé certificat d'encouragement. Il y a découverte lorsque qu'une activité non inventive, l'on aboutit au constat que l'existence n'a jamais été rendue publique. Les découvertes scientifiques au sens du traité de Genève sur l'enregistrement national des découvertes scientifiques ne sont pas concernées ici.

Dans ce chapitre, il est question d'analyser tour à tour, des inventions et leur brevetabilité (1), des dessins et modèles industriels (2), des marques de fabrique (3), des dénominations commerciales (4), des indications géographiques (5), des enseignes commerciales (6), des dispositions finales en matière de propriété industrielle (7) ainsi que des lacunes contenues dans la loi n°82-001 du 7 janvier 1982 régissant la propriété industrielle (8).

Section 1. Les inventions et de leur brevetabilité

§1. La définition des inventions

Larousse définit l'invention comme l'action d'inventer, l'action de créer quelque chose de nouveau. (Exemple : Gutenberg inventa la 1ère presse à imprimer).

Aux termes de l'article 9 de la loi n° 82-001 du 07 janvier 1982 régissant la propriété la propriété industrielle,

[2] Articles 2 alinéa 3 et 13 de la loi n°82-001 du 7 janvier 1982.

une invention est considérée comme le résultat d'une activité inventive c'est-à-dire un véritable travail de l'esprit de sorte qu'au dire des experts, après son examen, il ne soit pas établi de façon incidente que cette invention résulte tout simplement de l'utilisation d'un moyen de l'application ou de la combinaison des moyens déjà connus, ou encore la mise en œuvre de ces moyens devrait fatalement ou sans efforts conduire au résultat obtenu ou au produit.

Une invention est brevetable si, au dire des experts, elle ne découle pas de manière évidente, de l'état de la technique, soit dans le moyen, l'application, la combinaison des moyens ou le produit qui en fait l'objet, soit dans le résultat qu'elle procure[3].

Une invention peut faire l'objet d'un titre propriété industrielle appelé ***brevet***. Celui-ci est un titre délivré par les personnes publiques conférant un monopole temporaire d'exploitation sur une invention à celui qui la révèle ou en donne une description suffisante et complète ou en revendique un monopole.

Ne peut cependant faire l'objet d'un brevet, qu'une invention nouvelle qui résulte d'une activité inventive et qui est susceptible d'être exploitée dans l'industrie ou le commerce. L'invention est nouvelle lorsqu'elle n'est pas encore comme du public, elle n'est pas encore comprise dans l'état actuel de la technique ni dans une description écrite ni par l'usage, ni par tout autre moyen.

On dit d'une invention qu'elle est susceptible d'être utilisée comme objet de commerce ou d'industrie lorsqu'elle vise l'agriculture, l'artisanat, la pêche et les services divers. Il faut ajouter que l'invention ne doit pas être connaître à l'ordre public et aux bonnes mœurs.

---

[3] Article 9 de la loi n°82-001 du 7 janvier 1982.

Ne sont pas en revanche brevetables[4] :

1. Les principes ou concepts théoriques purement scientifiques (ex : principe d'Archimède, le principe des vases communicants, les théories de Pythagore ;
2. Les créations à caractère exclusivement ornemental ;
3. Les méthodes financières ou comptables, les règles de jeu et tous les autres systèmes de caractère abstrait, notamment le programme ou la série d'instruction pour le déroulement des opérations d'une machine calculatrice ;
4. Les inventions dont la publication ou l'exploitation serait à l'ordre public, à la sûreté de l'État et aux bonnes mœurs ;
5. La découverte d'un corps existant déjà dans la nature.

§2. Les conditions de brevetabilité des inventions

Est brevetable, toute invention nouvelle qui, résultant d'une activité inventive, est susceptible d'être exploitée comme objet d'industrie ou de commerce. Aux termes de la présente loi, une invention est considérée comme nouvelle si elle n'est pas comprise dans l'état de la technique[5].

L'état de la technique comprend, sous réserve de ce qui est dit à l'alinéa 3 de l'article 12, tout ce qui, avant la date de dépôt ou de priorité de la demande de brevet, est accessible au public soit par une description écrite ou orale, soit par un usage ou tout autre moyen. La nouveauté, en ce qui concerne le brevet, si cette divulgation résulte directement ou de priorité du brevet principal.

Toutefois, ne fait pas échec au caractère nouveau d'une invention, la divulgation dont cette invention a fait l'objet,

---

[4] Article 12 de la loi n°82-001 du 7 janvier 1982.

[5] Articles 6 et 7 de la loi n°82-001 du 7 janvier 1982.

dans les six mois qui précèdent le dépôt de la demande de brevet, si cette divulgation résulte directement ou indirectement, en plus de ce qui est visé à l'article 23 :

- soit d'un abus caractérisé à l'égard du demandeur ou de son prédécesseur en droit,
- soit du fait que le demandeur ou son prédécesseur en droit a exposé l'invention dans une ou plusieurs expositions officielles ou officiellement reconnues par la RDC.

Le déposant visé par le chapitre 5 du présent titre pourra, dans un délai de 6 mois à compter de la date de clôture de la manifestation, demander la protection, en revendiquant le droit de priorité à dater du jour où l'objet breveté a été exposé. La nouveauté d'une invention doit, en outre, avoir pour objet un moyen nouveau, une application nouvelle d'un moyen connu, une combinaison nouvelle de moyens connus, un produit nouveau.

Un moyen est considéré comme nouveau s'il vise en particulier un nouveau procédé de fabrication. Le brevet en est alors limité à l'utilisation de ce procédé et ne peut, par voie de conséquence, empêcher l'obtention du même produit par un autre moyen. Une application ou une combinaison des moyens connus est considérée comme nouvelle lorsque les moyens utilisés procurent un résultat différent de ce qu'ils permettaient d'obtenir auparavant.

La combinaison nouvelle se traduit par un fonctionnement solidaire des organes assemblés qui doivent coopérer à l'obtention d'un résultat commun. N'est pas considérée, par contre, comme combinaison nouvelle, la simple juxtaposition desdits organes. Un produit est considéré comme nouveau lorsqu'il porte sur un objet comportant des caractéristiques et des avantages qui ne se retrouvent pas dans les produits similaires antérieurs[6].

Une invention est considérée comme résultant d'une activité inventive si, au dire d'expert, elle ne découle pas de manière évidente, de l'état de la technique, soit dans le moyen, l'application, la combinaison des moyens ou le produit qui en fait l'objet, soit dans le résultat qu'elle procure.

Une invention est susceptible d'être exploitée comme objet d'industrie ou de commerce si son objet peut être produit ou utilisé dans tout genre d'industrie. Le terme industrie doit être compris dans son sens le plus large. Il couvre, notamment : l'artisanat, l'agriculture, la pêche, les services…

Une invention portant sur un médicament ne peut être brevetée que si elle a pour objet un produit, une substance ou une composition, présentée pour la première fois comme constituant un médicament[7].

§3. Les catégories de brevets

Un brevet est un titre de propriété industrielle qui confère à son titulaire un monopole d'exploitation sur l'invention brevetée à compter, en principe, de la date de dépôt et pour une durée maximale de 20 ans.

Il convient ainsi de noter qu'un droit de brevet n'est pas un droit d'exploitation, c'est-à-dire autorisant l'exploitation de l'invention brevetée. En effet, le droit d'exploitation peut être soumis à un autre formalisme tel que par exemple l'obtention d'une autorisation de mise sur le marché, une certification, etc.

Certains États peuvent au moment de l'inscription délivrer un «brevet provisoire», et peuvent accorder un

---

[6] Article 8 de la loi n°82-001 du 7 janvier 1982.

[7] Article 11 de la loi n°82-001 du 7 janvier 1982.

«délai de grâce» qui évite la nullité du brevet pour un inventeur ayant exposé son invention avant le dépôt de brevet, dans un cadre non confidentiel, avec comme avantage de permettre la diffusion rapide des connaissances techniques tout en réservant l'exploitation industrielle de l'invention, mais avec quelques inconvénients. Selon les pays c'est le premier *«inventeur»* ou le premier *«déposant»* (en Europe) qui a priorité pour le brevet.

La législation congolaise relative à la propriété industrielle prévoit trois catégories de brevets : le brevet d'invention, celui d'importation et celui de perfectionnement.

1. Le brevet d'invention

Il couvre à titre principal une invention qui, à la date de dépôt de la demande y relative, n'a pas encore été brevetée. Sa durée est de 20 ans ; elle tombe à 15 ans lorsqu'il s'agit des médicaments.

2. Le brevet d'importation

Ce brevet couvre une invention pour laquelle à la date du dépôt de la demande y relative, son titulaire a déjà obtenu un brevet d'invention dans un pays étranger. Sa durée est limitée par celle du brevet principal. Et donc, l'exploitation dans un pays d'une invention qui fait l'objet d'un brevet dans un pays étranger a pour conséquence que la durée est limitée à celle du brevet.

3. Le brevet de perfectionnement

Il porte sur toute amélioration d'une invention déjà brevetée. Sa durée est limitée par celle du brevet principal. Le détenteur ne peut pas l'utiliser sans autorisation de l'auteur ; et inversement, l'auteur de l'invention ne peut pas utiliser le perfectionnement sans autorisation de celui qui a perfectionné l'invention.

Il y a cependant une catégorie d'inventions dites secrètes. Il s'agit de celles qui présentent un grand intérêt pour la communauté et plus particulièrement la défense et la sécurité.

Dans ce cas, le déposant est immédiatement informé et à partir de ce moment il lui est interdit de divulguer son invention, de l'exploiter lui-même, d'en communiquer le procédé de fabrication aux tiers, d'effectuer une demande de brevet à l'étranger. Les brevets d'importation et de perfectionnement prennent fin en même temps que le brevet principal auquel ils sont rattachés[8].

§4. Les activités non inventives ou découvertes

Par activité non inventive ou découverte, il faut entendre toute activité par laquelle on aboutit à un constat de l'existence d'un objet déjà existant mais dont l'exploitation n'a jamais été rendue publique.

Il ne s'agit pas ici d'une invention à proprement parler mais d'une découverte. Les découvertes peuvent faire l'objet d'un titre appelé *«certificat d'encouragement»*.

Ce certificat est délivré à l'auteur ou au titulaire de la découverte et lui donne droit à une récompense dont le montant est évalué à 10% de la taxe de dépôt. La récompense est remise au titulaire par le ministère ayant la propriété industrielle dans ses attributions au même moment que le certificat d'encouragement en faveur des seules découvertes utiles[9].

---

[8] Article 37 de la loi n°82-001 du 7 janvier 1982.
[9] Article 14 de la loi n°82-001 du 7 janvier 1982.

Par découverte utile, il faut entendre toutes les découvertes pouvant satisfaire un besoin notamment de l'économie nationale, de la santé et de la défense.

§5. Le dépôt et l'octroi du brevet ou du certificat d'encouragement

1. Le dépôt de la demande du brevet ou du certificat d'encouragement

Il s'effectue soit par l'auteur ou le propriétaire lui-même, soit par un mandataire en propriété industrielle agréé au préalable par le ministre de l'industrie en raison de l'honorabilité de la moralité et de la compétence.

Le dépôt de la demande doit comprendre :

1. l'identité complète du titulaire ou mandataire ;
2. la description complète et claire de l'invention ou de la découverte ;
3. l'objet de l'invention ou de la découverte ;
4. les revendications définissant l'étendue de la protection demandée ;
5. l'indication relative aux titres délivrés à l'étranger, le cas échéant ;
6. la classification nationale des brevets ;
7. la justification du paiement des taxes exigées au moment du dépôt.

Si le dépôt se fait par un mandataire, il sera accompagné d'une procuration établi en bonne et due forme, appelée *«pouvoir spécial»*. Dans ce cas, cette procuration doit faire mention des pièces constituant le dossier[10]. Les déposants non résidant en RDC sont donc tenus de faire élection de domicile auprès d'un mandataire congolais et établi en RDC et d'agir par son intermédiaire.

---

[10] Article 17 alinéa 2 de la loi n°82-001 du 7 janvier 1982.

L'agrément peut être retiré à tout moment en cas de manquements graves. Le ministère de l'industrie et publie régulièrement la liste des mandataires agréés ou radiés. Outre la représentation, le conseil en propriété industrielle a pour rôle de conseiller et/ou d'assister toute personne intéressée dans le domaine de propriété industrielle.

Le dépôt de la demande du titre de propriété industrielle se fait à l'adresse du ministère de l'industrie.

En province, les services *ad hoc* peuvent enregistrer les demandes relatives au dépôt pour les transmettre ensuite au ministère. La date de dépôt qui sera retenue est celle de la réception de la demande à condition qu'au moment de cette réception, la taxe de dépôt ait été payée et que la demande soit accompagnée des pièces requises.

Lorsque ces conditions sont satisfaites, le ministère ou le service ad hoc en province attribue un numéro de dépôt et indique la date de dépôt sur un exemplaire de la demande qui est retourné au déposant. Si deux ou plusieurs dépôts ont été effectués le même jour et portent sur le même objet, l'antériorité en sera conférée au dépôt qui bénéficie d'une avance temporaire[11].

2. L'octroi du brevet ou du certificat d'enregistrement

La demande du brevet est tenue au secret pendant 3 mois en cas d'une demande effectuée à partir du territoire national et 5 mois si la demande provient de l'étranger. Ces délais prennent effet à la date de la réception du dépôt de la demande et peuvent être prorogés à la demande du déposant.

Endéans ces délais, tout déposant peut :

- renoncer à sa requête ;

[11] Article 20 de la loi n°82-001 du 7 janvier 1982.

- solliciter l'ajournement de la délivrance du brevet ou du certificat d'encouragement ;
- modifier sa demande.

L'octroi du brevet ou du certificat d'encouragement se fait sans examen préalable du fond aux risques et périls du déposant et sans garantie quant à la réalité, à la nouveauté et au mérite selon le cas et quant à l'exactitude de la description sans préjudice des droits des biens.

Toutefois, l'examen préalable sur le fond est requis pour les brevets et les certificats d'encouragement ayant trait aux domaines alimentaires et pharmaceutiques.

Après l'accomplissement des formalités administratives, il sera délivré à son titulaire ou à son ayant cause (ayant droit et héritiers) l'original du brevet ou du certificat d'encouragement auquel sera annexé un exemplaire du mémoire descriptif de l'invention ou de la découverte.

Si la demande n'est pas conforme aux conditions et modalités de forme, le ministère de l'industrie peut inviter le déposant à régulariser ladite demande dans les 6 mois à dater de la notification de cette invitation. Dès qu'il est établi qu'une demande de brevet a déjà fait l'objet d'un dépôt dans un pays étranger et sur lequel il n'a pas encore été statué le Ministère compétent peut surseoir à l'octroi du titre.

Le ministère délivre le brevet respectivement pour[12] :

1. 20 ans pour le brevet d'invention ;
2. 15 ans s'il s'agit d'un médicament ;
3. les brevets d'importation et de perfectionnement prennent fin avec le brevet principal auquel ils sont attachés et ce, en vertu du principe «*l'accessoire suit le principal*».

[12] Article 36 de la loi n°82-001 du 7 janvier 1982.

Les brevets prennent également fin par voie de renonciation expressément écrite adressée au ministère. La renonciation peut être totale ou partielle. Elle ne peut porter préjudice aux droits acquis par les tiers sur le brevet qu'avec leur consentement[13].

§6. Les inventions et découvertes secrètes

Les inventions et découvertes des congolais ainsi que celles des étrangers résidant au Congo ayant une portée particulière pour l'intérêt national peuvent être déclarées secrètes lorsqu'elles concernent tous les domaines et spécialement celui de la défense nationale et de la sécurité[14].

Si tel est le cas, le déposant est informé sans délai par lettre recommandée. Dès ce moment, la délivrance du brevet ou du certificat d'encouragement est suspendue.

Il est en interdit, sauf autorisation expresse accordée par arrêté ministériel, de rendre publique l'invention ou la découverte de divulguer le secret de fabrication, de déposer à l'étranger une demande correspondante de brevet, de délivrer copie de dépôt secret d'exploiter librement l'invention ou la découverte secrète[15].

Si au moment de la notification, la même invention a déjà l'objet d'un ou de plusieurs demandes de brevets à l'étranger, l'Etat congolais sollicitera sur base des accords et réciprocité relatifs à la sauvegarde mutuelle du secret des inventions faisant l'objet de demande de brevet l'ajournement de la délivrance du brevet étranger.

Signalons que le ministère compétent peut temporairement organiser les conditions d'exploitation et de mise en œuvre des secrets de fabrication.

---

[13] Article 38 de la loi n°82-001 du 7 janvier 1982.
[14] Article 39 de la loi n°82-001 du 7 janvier 1982.
[15] Article 40 de la loi n°82-001 du 7 janvier 1982.

Mais, si ces mesures s'avèrent insuffisantes, le ministère peut soit interdire temporairement l'exploitation des inventions ou des découvertes secrètes, ou la mise en œuvre des secrets de fabriquer soit réserver temporairement et exclusivement ou non à l'Etat le droit d'exploiter un brevet d'invention ou un certificat d'encouragement, soit encore contraindre l'intéressé à céder à l'Etat la connaissance complète d'une invention non brevetée ou un secret de fabrique.

Les inventions et découvertes secrètes ne font pas l'objet de licence d'exploitation. En effet, *nemo dat quod non habet* (personne ne donne plus de droit qu'il n'en a). Mais le déposant a droit à une indemnité pour récompenser ses efforts, notamment par rapport aux moyens mis en œuvre lors des recherches.

Dans un délai de 6 mois à compter de la date du dépôt de la demande de brevet ou du certificat d'encouragement le ministère de l'industrie ainsi que les ministères intéressés statuent sur le dépôt et notifient sans délai leur décision au déposant.

Ce délai ne peut être prorogé plus de deux fois. En cas de prorogation, notification en est faite au déposant. Si aucune décision n'est intervenue à l'expiration de ce délai, le déposant a droit à une indemnité compensatoire proportionnelle au dommage subi. A défaut d'accord à l'amiable, cette indemnité, quel que soit le montant, est fixé par le tribunal compétent.

§7. Les droits et obligations attachés au brevet et au certificat d'encouragement

1. Les droits attachés au brevet et au certificat d'encouragement

Le droit au brevet et au certificat d'encouragement (CE) appartient au titulaire de l'invention ou de la découverte ou à ses ayant cause[16]. Par contre, le droit au brevet pour une invention faite en exécution d'un contrat de louage de service ou travail appartient au maître de l'ouvrage ou à l'entrepreneur. Sauf stipulation contractuelle contraires expresses. Dans cette hypothèse, l'auteur de l'invention a droit à une gratification.

Dans le cas où un travailleur par son contrat de travail n'est pas chargé d'une activité inventive, et où occasionnellement il réalise une invention en utilisant les mêmes moyens mis à sa disposition par l'entrepreneur, l'invention appartiendra en copropriété au travailleur et à l'entrepreneur. Chaque copropriétaire peut exploiter l'invention dans la proportion de ses droits et agit en contrefaçon.

Enfin, si l'invention ou une découverte a été réalisée par plusieurs personnes indépendamment les unes des autres, le droit au brevet ou au certificat encouragement appartient à celle qui la 1ère a déposé une demande de brevet ou de certificat d'encouragement pour cette invention ou cette découverte, ou valablement revendiqué la priorité pour sa demande de brevet.

Mais, si une invention ou une découverte a été réalisée en commun par plusieurs personnes, le droit au brevet et au certificat encouragement leur appartient conjointement.

Le titulaire du brevet a le droit[17] d'interdire aux tiers l'exercice des activités couvertes par le brevet (les prérogatives).

Ces activités consistent notamment à :

- fabriquer le produit, objet du brevet concerné ;
- utiliser, introduire sur le territoire national, vendre, offrir en vente ou mettre dans le commerce sous une autre forme, les produits protégés ainsi qu'à détenir les

---

[16] Article 47 de la loi n°82-001 du 7 janvier 1982.
[17] Article 48 de la loi n°82-001 du 7 janvier 1982.

dits produits en vue de les utiliser ou de les mettre dans le commerce ;

- employer ou mettre en œuvre, vendre ou offrir en vente les procédés brevetés ;
- livrer ou offrir à une personne non titulaire d'une licence des moyens en vue de la mise en œuvre d'une invention.

Le titulaire du brevet a également le droit d'accomplir les actes mentionnés ci-dessus relativement à un produit détenu directement ou à un procédé breveté, de poursuite devant les tribunaux compétents quiconque porterait atteinte à ses droits, soit la fabrication des produits ou l'emploi des moyens compris dans le brevet, soit en exposant en vente ou en interdisant sur le territoire congolais un ou plusieurs objets contrefaits.

Notons que l'auteur d'une invention ou d'une découverte a le droit d'être mentionné comme tel dans le brevet ou le certificat encouragement. Il en est de même pour chacun des copropriétaires. Cependant, les droits attachés au brevet ne s'étendent qu'aux seuls actes accomplis à des fins industrielles ou commerciales. Ils ne s'étendent pas aux actes accomplis notamment aux seuls fins de la recherche scientifique, à certaines préparations de laboratoire effectuées sur le champ.

Si un brevet ou un certificat d'encouragement a été demandé soit pour une invention ou une découverte soustraite au titulaire ou à ses ayant cause, soit en violation d'une obligation légale ou conventionnelle, la personne lésée peut revendiquer la paternité de la demande ou du délivré.

Les droits du titulaire d'un brevet ou d'un certificat d'encouragement sont cessibles et transmissibles entre vifs ou pour cause de mort, en totalité ou en partie. Les actes comportant cession, concession ou transmission des droits inhérents aux brevets ou aux certificats d'enregistrement doivent, à peine de nullité, être constatés par écrit et être inscrits au registre des brevets ou des certificats d'encouragement[18].

Lorsque l'action en revendication de paternité de l'œuvre aboutit, l'action en revendication opère la subrogation en faveur de son auteur.

Dans ce cas, le tribunal ordonnera :

- soit que le déposant transfert ses droits et obligations aux ayants droits de l'auteur dans délai déterminé auquel cas le transfert n'a d'effet que l'avenir (*ex munc*) ;
- soit que l'ayant droit soit subrogé dans tous les droits et obligations du déposant breveté ou certifié ; dans ce cas, la subrogation rétroagit (*ex tunc*).

2. Les obligations attachées au brevet ou au certificat d'enregistrement

Le titulaire d'un brevet, a sous peine de déchéance, l'obligation d'exploiter ou de faire exploiter industriellement au Congo d'une manière effective, sérieuse et continue, l'invention, objet du brevet[19]. L'exploitation d'une invention consiste en la concrétisation de ladite invention par une mise en exploitation effective. Toutefois, ne consiste pas l'exploitation d'une invention, le fait d'importer les objets brevetés fabriqués à l'étranger.

Le titulaire d'un brevet de perfectionnement ne peut exploiter ou faire exploiter son invention sans l'autorisation du titulaire du brevet principal. Inversement, le titulaire exploiter l'invention du perfectionnement sans autorisation de son titulaire.

---

[18] Article 50 de la loi n°82-001 du 7 janvier 1982.

[19] Article 54 de la loi n°82-001 du 7 janvier 1982.

L'exploitation d'un brevet ou d'un certificat d'enregistrement se fait au moyen d'une licence d'exploitation.

§8. Les licences d'exploitation

1. Notion

Le contrat de licence est un contrat de droit commercial par lequel le titulaire d'un droit de propriété industrielle concède à un tiers (personne physique ou morale) en tout ou en partie la jouissance de son droit d'exploitation gratuitement ou à titre onéreux moyennant paiement d'une redevance.

La demande de transmission ou de cession du brevet doit être effectuée sur formulaire et doit être accompagnée d'une copie de l'acte authentique relatif au changement du titulaire du brevet. La demande d'une concession de licence partant sur un brevet doit être effectuée conjointement par le donneur et le preneur de licence et ce, sur un autre formulaire.

Sont soumis à l'approbation expresse du ministère de l'Industrie après avis, le échéant, des services publics intéressés, la conclusion, la modification ou le renouvellement des contrats de licence avec les étrangers (personnes physiques ou morales) portant sur l'exploitation de certains produits tels que : les armes et explosifs, les cosmétiques, les contraceptifs, les vaccins et conserveries, etc.

2. Sortes de licence d'exploitation

Il existe trois sortes de licence d'exploitation : les licences volontaires, les licences non volontaires et les licences d'office[20].

[20] Article 64 de la loi n°82-001 du 7 janvier 1982.

A. La licence volontaire

Par licence volontaire, il faut entendre une ou plusieurs licences d'exploitation qu'un titulaire d'un brevet peut concéder par un contrat à des tiers[21].

Ce contrat doit être établi par écrit et signé par les parties contractantes ; il doit être déposé en original et enregistré au Ministère ayant la propriété industrielle dans ses attributions moyennant paiement d'un droit d'enregistrement. Sauf stipulation contraire, ce droit d'enregistrement est à charge du titulaire.

Sont nulles les clauses contenues dans le contrat de licence ou convenues en relation avec le contrat qui imposent au preneur de licence des limitations ne résultant pas des droits gérés par le brevet.

Toutefois ne sont pas considérés comme telles :

1. les limitations concernant la mesure, l'étendue, le territoire ou la durée de l'exploitation ;
2. les limitations imposées par le donneur de licence pour une meilleure exploitation technique de l'invention ;
3. l'obligation imposée au preneur de s'abstenir de tout acte susceptible de porter atteinte au droit du breveté.

Les licences volontaires ne sont cessibles ou concessibles qu'avec l'accord du breveté sauf stipulation contractuelle contraire. Cependant, en cas de sous licence, le bénéficiaire est tenu de s'abstenir d'accomplir tout acte susceptible de porter atteinte aux droits du breveté ou du licencié.

Un copropriétaire ne peut concéder une licence volontaire à des tiers qu'avec l'accord de tous les autres copropriétaires ou avec l'autorisation de justice. Chacun peut à tout moment céder sa quote-part.

---

[21] Articles 65 et ss de la loi n°82-001 du 7 janvier 1982..

Les autres copropriétaires ont cependant un droit de préemption pendant un délai de 3 mois à compter de la modification du projet de cession. A défaut d'accord sur le prix, celui-ci est fixé par le tribunal à moins que le vendeur ne retire son offre.

Notons que ces dispositions ne s'appliquent qu'en l'absence des stipulations contraires.

Les copropriétaires peuvent déroger à tout moment par un règlement de copropriété. Les mesures d'exécution peuvent disposer que la conclusion de certaines catégories de contrat de licence avec les étrangers, personnes physiques ou morales, ainsi que leur renouvellement ou leur modification requiert l'approbation expresse du ou des ministres intéressés, la Banque centrale du Congo entendue le cas échéant.

B. La licence non volontaire

Une licence non volontaire est celle qui pourra être demandée pour défaut ou insuffisance d'exploitation industrielle avant l'expiration de 5 années à compter du dépôt de la demande de brevet ou de 3 années à compter de la délivrance du brevet; le délai qui expire le plus tard devrait être appliqué[22].

Il est toutefois interdit au breveté d'accorder des licences ou sous licences à des conditions plus avantageuses que celles stipulées dans la licence non volontaire.

Tout avantage accordé en violation de cette interdiction y est ramené d'office. La demande de la licence non volontaire est formulée auprès du tribunal compétent et doit être accompagnée de la justification écrite prouvant que le requérant n'a pas pu obtenir du titulaire du brevet une licence contractuelle. Il doit en outre prouver qu'il est

[22] Articles 70 et ss de la loi n°82-001 du 7 janvier 1982.

en état d'exploiter l'invention de manière à satisfaire les besoins du marché.

Avant de statuer, le tribunal convoque et entend les parties. S'il accorde une licence non volontaire, il doit en outre fixer les conditions en précisant notamment:
- le champ d'application ;
- la durée ;
- l'étendue des droits et obligations et sauf accord entre les parties le montant de redevances auxquelles elle donne lieu.

Notons que ces précisions peuvent être modifiées par le tribunal à la demande de deux parties ou de l'une d'entre elles. La décision accordant la licence non volontaire est notifiée par le greffier à charge des parties et au ministère de l'industrie dans le délai de 30 jours suivant le prononcé du jugement.

Une licence non volontaire ne peut être transmise qu'avec la partie de l'entreprise ou de fonds de commerce qu'exploite cette licence. Cette transmission est à peine de nullité, soumise à l'autorisation du tribunal qui l'avait octroyée.

La licence non volontaire peut faire l'objet d'un retrait si le titulaire ne satisfait pas aux conditions auxquelles cette licence avait été accordée. Cette demande de retrait peut être introduite auprès du tribunal compétent par le titulaire du brevet ou plusieurs licenciés intéressés.

C. La licence d'office

Elle est une licence non volontaire, mais qui intervient dans tous les cas où l'exploitation absente ou insuffisante en qualité et en quantité porte préjudice au développement économique du pays en particulier et à l'intérêt public en général[23].

L'exploitation d'une licence d'office peut être assurée par l'Etat lui-même ou pour son compte par un tiers. Elle peut être exclusive ou non exclusive et est accordée par le ministère de l'industrie pour une durée de 5 ans au maximum.

Normalement si constat est fait que l'exploitation industrielle s'avère insuffisante, le ministre compétent ou son délégué met en demeure le titulaire du brevet afin qu'il entreprenne cette exploitation de manière à satisfaire les besoins de l'économie.

Si la mise en demeure n'est pas suivie d'effet dans. Le délai et si l'absence ou l'insuffisance de cette exploitation porte préjudice, en qualité ou en quantité, au développement économique ou à l'intérêt public, le brevet, objet de la mise en demeure peut être soumis au régime de licence d'office.

Ce délai peut être proposé lorsque les personnes mises en demeure prouvent que les circonstances justifiant l'absence ou l'insuffisance d'exploitation industrielle ne leur sont pas imputables.

3. Les dispositions communes aux licences d'exploitation

- Les licences d'exploitation doivent être enregistrées au ministère de l'industrie dans les 3 mois à compter de la délivrance [24] ;
- La durée d'une licence d'exploitation ne peut en aucun cas excéder celle du brevet auquel elle se rapporte ;
- Elle peut prendre fin par voie de renonciation expresse, écrite et légalisée. Mais cette renonciation ne peut

[23] Articles 79 et ss de la loi n°82-001 du 7 janvier 1982.
[24] Articles 83 et ss de la loi n°82-001 du 7 janvier 1982.

porter atteinte aux droits du titulaire ainsi qu'à ceux des tiers qu'avec leur consentement ;

- Sauf stipulations contraires expresses, l'octroi d'une licence exclusive interdit au propriétaire du brevet d'exploiter lui-même l'invention.

§9. La contrefaçon en matière de la propriété industrielle

Toute attente portée sciemment aux droits du breveté constitue une infraction de contrefaçon qui engage la responsabilité tant pénale que civile de son auteur. Notons que les faits antérieurs à la publication du brevet ne constituent pas une contrefaçon et ne peuvent motiver une condamnation même au civil[25].

L'action en contrefaçon est engagée par le breveté. Toutefois, le titulaire d'une licence exclusive est également recevable à agir en contrefaçon dans les limites du préjudice qu'il a subi à moins que le breveté ne se soit réservé les prérogatives de l'action en contrefaçon. Dans tous les cas, le titulaire d'une licence exclusive n'est recevable à agir en contrefaçon que si après une mise en demeure le breveté n'exerce pas cette action.

Notons ici que, contrairement à la procédure pénale de droit commun qui n'admet pas l'hypothèse d'une intervention volontaire en cours d'instance, la loi sur la propriété industrielle, en tant que loi spéciale prévoit la possibilité pour le breveté d'intervenir dans l'instance en contrefaçon engagée par la licence. De même tout licencié exclusif est recevable d'intervenir dans l'instance en contrefaçon engagée par le breveté afin d'obtenir la réparation du préjudice qu'il aurait subi.

Signalons que les personnes jouissant de l'action en contrefaçon peuvent faire prendre par ordonnance du

---

[25] Articles 88 et ss de la loi n°82-001 du 7 janvier 1982.

tribunal compétent des mesures conservatoires, notamment faire procéder, assisté ou non d'experts de leur choix, à la description détaillée avec ou sans saisie des objets prétendus contrefaits. Cette ordonnance est rendue sur simple requête au vu des titres justificatifs.

Retenons que la saisie réelle donne lieu au paiement préalable d'un cautionnement dont le montant est fixé par la mesure d'exécution.

A défaut pour le requérant de saisir la juridiction compétente dans un délai maximum de 3 mois à compter de la date de notification de l'ordonnance dont question ci-dessus, la saisie est nulle de plein droit sans préjudice des dommages et intérêts qui peuvent être réclamés.

Le délit de contrefaçon est passible d'une peine de servitude de 1 à 6 mois et d'une amende dont le montant est fixé par les mesures d'exécution ou d'une de ces peines seulement. En cas de récidive, le contrefacteur est puni du double des peines maxima prévues. Et il y a récidive lorsque le prévenu a déjà encouru au cours des 6 dernières années une condamnation du chef de contrefaçon.

Notons que :

- l'action publique pour contrefaçon ne peut être exercée par le Ministère Public que sur demande de la partie lésée ;
- l'action civile fondée sur la contrefaçon n'est recevable que si l'infraction de contrefaçon est établie pénalement ;
- lorsque l'action en contrefaçon aboutit, le tribunal compétent ordonne cessation par le contrefacteur de toute activité portant atteinte aux droits de la partie lésée ;
- à la demande de celle-ci, le tribunal pourra lui allouer des dommages et intérêts pour préjudice subi et ordonner à son profit la confiscation des objets

reconnus contrefaits et le cas échéant, celle des instruments ou ustensiles destinés spécialement à leur fabrication.

§10. Les nullités et des déchéances des brevets et des certificats d'encouragement

1. La nullité des brevets et des certificats d'encouragement

La nullité des brevets et des certificats d'encouragement peut être prononcée par le tribunal compétent à la demande de toute personne intéressée. Le ministère public peut, à titre principal ou d'intervention, agir d'office en nullité d'un brevet ou d'un certificat d'encouragement.

La nullité est prononcée [26]:
- lorsqu'il s'agit d'un brevet, s'il ne satisfait pas aux conditions définies par la loi : cas d'invention non brevetables (notamment une invention non nouvelle, une invention qui n'est pas susceptible d'être utilisée dans l'industrie ou le commerce) ;
- lorsqu'il s'agit d'un certificat d'encouragement, si la découverte n'est pas utile. Et dans tous les cas l'objet ne doit pas être illicite ni contraire à l'ordre public et aux bonnes mœurs.

La nullité peut être totale ou partielle. En prononçant la nullité, le tribunal prononcera en même temps les nullités accessoires qui en découlent. Lorsqu'elle a lieu, la nullité rétroagit à compter de la délivrance du brevet ou du certificat d'encouragement (*ex tunc*).

Dans ce cas et sauf stipulations expresses contraires, les parties lésées peuvent intenter une action en répétition du prix ou des redevances payées au breveté si elles prouvent

[26] Articles 97 et ss de la loi n°82-001 du 7 janvier 1982.

que du fait de celle-ci, elles n'ont pas tiré de l'usage du brevet les avantages escomptés.

Tout acte prononçant la nullité définitive d'un brevet ou d'un certificat d'encouragement est notifié sans délai au ministère de l'industrie et qu'il inscrit au registre ad hoc et le fait publier au journal officiel.

2. Les déchéances

Le ministère de l'industrie dispose d'une action en déchéance d'un brevet pour défaut ou insuffisance d'exploitation industrielle lorsque le titulaire du brevet ne prouve pas que les circonstances pouvant justifier le défaut ou l'insuffisance de cette exploitation ne lui sont pas imputables[27].

Toutefois, cette action ne peut être introduite avant l'expiration d'un délai de 2 ans à compter de la concession de la première licence non volontaire. La déchéance intervient également pour non communication de savoir-faire en cas de cession ou de concession d'une licence d'exploitation et non-paiement d'annulation à l'Etat.

Lorsqu'elle est devenue définitive, la déchéance n'opère que l'avenir (*ex nunc*). Elle est publiée au journal officiel par les soins du ministre de l'industrie. Toutefois, la déchéance pour cause de non-paiement des annuités ne sera publiée qu'à l'expiration du délai de grâce de la procédure de restauration après rejet de recours.

3. Les peines

Le fait de se prévaloir indûment d'une demande de brevet ou de certificat d'encouragement, ou de se prévaloir indûment d'un brevet, d'un certificat d'encouragement ou

[27] Article 101 et ss de la loi n°82-001 du 7 janvier 1982 régissant la propriété industrielle.

d'une licence d'exploitation, constitue un délit passible de peine de servitude pénale de 3 mois à un an et d'une amende dont le montant sera fixé par les mesures d'exécution ou de l'une de ces peines seulement. En cas de récidive, les peines sont portées au double[28].

Constitue également un délit, le fait d'entreprendre sciemment une des interdictions portées aux articles 40 et 42 de la même loi en ce qui concerne les inventions et découvertes secrètes.

Dans ce cas, ce délit est passible, sans préjudice des peines plus graves prévues en matière d'atteinte à la sûreté de l'Etat, et d'une amende dont le montant sera fixé par les mesures d'exécution. Si la violation porte préjudice à la défense nationale ou à la sécurité de l'Etat, une peine de servitude pénale d'un à trois ans pourra, en outre, être prononcée.

Section 2. Les dessins et modèles industriels

§1. La définition de dessins et modèle industriels

Par dessins et modèles industriels (DMI), on entend des créations, des formes, des traits ou des couleurs sur lesquels le créateur peut obtenir un monopole temporaire d'exploitation à condition qu'elle représente un caractère d'originalité.

Au sens l'article 107 de la loi sur la propriété industrielle[29], est considéré comme dessin industriel, tout assemblage de lignes et des couleurs destinées à donner une apparence spéciale à un objet ou à un bien artisanal quelconque.

Le modèle industriel est quant à lui toute forme plastique associée ou non à des couleurs ainsi que tout

---

[28] Articles 104 et sus de la loi n°82-001 du 7 janvier 1982.

[29] Articles 107 et ss de la loi n°82-001 du 7 janvier 1982.

objet industriel ou artisanal qui peuvent servir de type pour la fabrication d'autres unités et qui se distinguent des objets à formes similaires soit par une configuration distincte et reconnaissable, soit par un ou plusieurs effets extérieurs lui conférant une physionomie spécifique et nouvelle (ex : la gamme Mercédès).

§2. Les caractères des dessins et modèles industriels

Pour bénéficier de la protection légale, les dessins et modèles industriels, créés de manière indépendante, doivent être nouveaux ou originaux et susceptibles d'être utilisés comme objets d'industrie ou de commerce. L'originalité d'un dessin et modèle industriel est laissée à l'appréciation des cours et tribunaux compétents en cas de conflits.

Le critère d'originalité, notion si difficile sinon impossible à définir doit être recherché dans l'existence ou non d'une conception de l'esprit véritablement personnelle. C'est donc le caractère original d'un dessin ou d'un modèle industriel qui permettra de la déclarer nouveau.

Un dessin est nouveau du moment où il est le résultat d'un effort d'imagination et d'un travail personnel. La publicité donnée à un dessin et modèle industriel antérieurement à son dépôt par une mise en vente, ne fait pas échec à la nouveauté de ce dessin et modèle.

§3. Le dépôt, enregistrement et publication des dessins et modèles industriels

1. Le dépôt des dessins et modèles industriels

Seuls les dessins et modèles industriels déposés bénéficient de la protection légale. Ainsi, le titulaire d'un dessin ne jouit de l'exclusivité de la production que s'il assure son droit par un dépôt légal.

Par conséquent, dès que les tissus ornés des dessins industriels litigieux ont été exposés et répandus sur le marché sans déposés, ils tombent dans le domaine public et leur dépôt tardif ne peut plus assurer l'exclusivité de la reproduction au profit de celui qui les avait conçus.

De même, le dépôt d'un dessin et modèle industriel entraine au profit du déposant une présomption suffisante de ce qu'il est l'auteur du dessin déposé ou son ayant droit. Cette présomption ne pourra être renversée que par la preuve contraire.

Sont notamment exclus de la protection légale[30] :

- tout dessin ou modèle industriel contraire à l'ordre public et aux bonnes mœurs ;
- toute reproduction ou initiation servile d'un dessin et modèle industriel ;
- toute reproduction ou imitation servile d'un dessin et modèle naturel.

2. L'enregistrement des dessins et modèles industriels

Dès que le dépôt est déclaré recevable, il sera délivré un certificat d'enregistrement à son titulaire ou à ses ayants cause. Ce certificat est établi en trois exemplaires sur des formulaires ad hoc par le ministère qui inscrit l'enregistrement au registre des dessins et modèles industriels.

Le certificat d'enregistrement est signé par le responsable du ministère ou son délégué. L'original du certificat est remis à son titulaire ou à ses ayants cause ou à son mandataire.

3. La publication des dessins et modèles industriels

Les dessins et modèles industriels régulièrement enregistrés font l'objet d'une publication. Le ministère

[30] Articles 107 et ss de la loi n°82-001 du 7 janvier 1982.

peut à titre d'information tenir une revue spécialisée dans la publication des dessins et modèles industriels.

§4. Les droits et obligations attachés aux dessins et modèles industriels

1. Les droits attachés aux des dessins et modèles industriels

Si un dessin ou modèle industriel a été exécuté sur commande, celui qui a passé la commande sera considéré, sauf stipulation contraire, comme titulaire pour autant que la commande ait été faite en vue d'une utilisation industrielle ou commerciale du droit dans lequel le dessin et modèle est incorporée.

Mais si la même commande a été passée par deux ou plusieurs personnes, celles-ci seront considérées comme copropriétaires. Tout propriétaire d'un dessin et modèle régulièrement déposé et enregistré ou son ayant cause jouit pendant une durée de 5 ans renouvelable une fois du droit exclusif d'exploiter ou de faire exploiter, de vendre ou de faire vendre ce dessin ou modèle sans préjudice du droit des tiers.

Ce droit permet en outre au titulaire de s'opposer à toute fabrication, importation, vente, offre de vente, location, exposition, livraison, usage ou détention à l'une de ces fins dans un but industriel ou commercial d'un produit ayant un aspect identique au dessin et modèle industriel tel qu'il a été déposé ou ne présentant avec celui-ci que des différences secondaires.

Ce droit exclusif d'exploitation est cessible, concessible et transmissible suivant les mêmes modalités que celles relatives aux inventions. Le titulaire dispose pour la défense de ce droit de l'action en nullité, en revendication et en contrefaçon tel que règlementé en matière d'invention.

2. Les obligations attachées des dessins et modèles industriels

Le renouvellement de l'enregistrement d'un dessin et modèle industriel donne lieu au paiement de taxes. Le dessin et modèle industriel régulièrement déposé ou enregistré ne peut subir aucune modification pendant la durée de validité de son enregistrement ni à l'occasion de son renouvellement.

§5. L'extinction des dessins et modèles industriels et des peines

1. L'extinction des dessins et modèles industriels

Les dessins et modèles industriels prennent fin par voie de renonciation expresse, écrite et légalisée. La renonciation ne peut porter atteinte aux droits du titulaire du certificat d'enregistrement ainsi que ceux des autres tiers qu'avec leur accord.

2. Les peines de la contrefaçon des dessins et modèles industriels

Constitue une infraction de contrefaçon, le fait pour un tiers de se livrer et ce, en dépit de l'opposition du titulaire d'un certificat d'enregistrement, à la fabrication, importation, vente, location, exposition, livraison, usage ou détention à l'une de ces fins, dans un but industriel ou commercial d'un produit ayant un aspect identique au dessins et modèles industriels.

Cette infraction est punissable d'une peine de servitude de 1 à 6 mois et d'une amende ou d'un de ces peines seulement. En cas de récidive, les peines maxima sont portées au double.

Section 3 : les marques de fabrique ou de commerce

§1. La notion sur les marques de fabrique et de commerce

Tout signe ou toute combinaison de signe à distinguer les produits ou les services d'une entreprise sera propre à constituer une marque de fabrique ou de commerce.

La marque est un nom et un ensemble de signes distinctifs qui ont du pouvoir sur le marché en donnant du sens aux produits et en créant de la valeur perçue pour les clients et de la valeur économique pour l'entreprise. Ce signe est nouveau lorsqu'il n'a pas déjà été enregistré comme marque pour le même droit ou service.

Peuvent servir de marque les signes matériels ci-après :
- un nom ou une dénomination : ex : Ford, Philips ;
- une lettre ou des lettres : ex : DHL, YSL, SFF ;
- des chiffres ;
- des sigles, des slogans ;
- un emblème (symbole): le coq de France.

Les marques sont de 4 sortes[31] :
- les marques de fabrique ;
- les marques de commerce ;
- les marques de service ;
- la marque nationale de garantie.

a. ***La marque de fabrique*** est une indication portée sur un objet ou un produit afin d'annoncer sa provenance. Elle peut également représenter la dénomination ou le signe de représentation graphique, ou sonore qui caractérise l'activité économique d'une personne ou d'une

[31] Articles 127 et ss de la loi n°82-001 du 7 janvier 1982.

entreprise dont la propriété s'acquiert par l'enregistrement à l'Institut de la propriété industrielle.

b. ***La marque de commerce*** est une combinaison de lettres, de mots, de sons ou de symboles qui différencie les produits et services d'une entreprise de ceux d'une autre sur le marché. Une marque de commerce est unique.

c. ***La marque de service*** sont celles qui identifient les services tous secteurs confondus : banque, assurance, agences de voyages, transport, restauration…

d. ***La marque nationale de garantie*** a pour objet de certifier officiellement la qualité des marchandises congolaises.

Des dispositions particulières légales ou réglementaires précisent par catégorie des marchandises, les conditions auxquelles seront subordonnés l'usage de cette marque le contrôle de la conformité des marchandises aux normes nationales en vigueur ainsi que les sanctions y afférentes.

En tout état de cause, la mise sur le marché national de certains droits commerçables est subordonnée à l'apposition préalable de la marque nationale de garantie.

Par ailleurs, ne peuvent être considérées comme marques[32] :

- les signes dont l'utilisation serait contraire à l'ordre public ou aux bonnes mœurs, ainsi que signes ci-après: armoiries, drapeau et emblème de l'Etat ;
- les marques comportant des indications propres à tromper le public ;
- les dénominations courantes, banales et usuelles ;
- certaines expressions qui, sans désigner usuellement et banalement le produit lui-même, en épousent fidèlement des qualités ou la destination ; l'en est de

[32] Articles 133 et ss de la loi n°82-001 du 7 janvier 1982.

même d'une part des expressions laudative banales telles *extra royal*, *super*, et d'autre part, de certains emblèmes classiques et emballages.

§2. Le dépôt et de l'enregistrement des marques

1. Le dépôt des marques

Seules les marques régulièrement déposées jouissent de la protection de la loi. Le dépôt des marques se fait par écrit dans les mêmes conditions que celles prévues pour les dessins et modèles industriels.

2. L'enregistrement des marques

Les marques sont enregistrées pour une durée de 10 ans prenant cours à la date (*dies a quo*). Toutefois, la marque nationale de garantie est déposée à perpétuité.

L'enregistrement est renouvelable sur requête pour de nouvelles périodes de dix ans dans les formes prescrites et moyennant paiement de la taxe ad hoc dont le montant est fixé par les mesures d'exécution.

§3. Les droits et obligations attachés aux marques

Les droits et obligations du titulaire d'une marque s'analysent de la même façon que ceux prévus pour les dessins et modèles industriels. Le dépôt d'une marque est obligatoire pour tout opérateur économique concerné. Par opérateur économique, il faut entendre toute personne physique ou morale exerçant notamment une activité industrielle, commerciale, agricole et artisanale.

§4. Les nullités et des modalités d'extinction des marques et des peines

Toute personne intéressée, y compris le ministère public peut invoquer la nullité d'une marque qui ne serait pas conforme aux dispositions légales. L'exception en nullité d'une marque est donc d'ordre public parce que pouvant être invoquée à tout moment.

Le droit à une marque s'éteint[33] :

- par une renonciation écrite expresse et légalisée ;
- par l'expiration de la durée d'enregistrement ;
- par la déchéance due au non-paiement des taxes exigibles ou non usage de la marque.

Toutefois, le titulaire d'une marque déchue peut dans les 5 ans à compter de l'extinction de ladite marque être rétabli dans ses droits à condition que la marque concernée soit encore disponible.

Dans ce cas, le titulaire doit procéder à un nouveau dépôt. Il doit en outre acquitter la taxe y relative. Et les marques déjà éteintes peuvent faire l'objet d'une nouvelle approbation par les tiers.

Les dispositions relatives au délit de contrefaçon en matière des dessins et modèles industriels s'appliquent mutatis mutandis aux marques.

Section 4. Les dénominations commerciales

Une personne exerçant une activité industrielle ou commerciale peut choisir une dénomination commerciale en vue d'identifier son service[34].

Quiconque veut se prévaloir d'un titre de propriété industrielle portant sur une dénomination commerciale, doit en avoir effectué le dépôt auprès du ministère compétent en se conformant aux conditions prévues pour les marques. Le titre ainsi délivré confère à son titulaire un

[33] Articles 150 et ss de la loi n°82-001 du 7 janvier 1982.
[34] Articles 153 et ss de la loi n°82-001 du 7 janvier 1982.

droit d'usage exclusif. Une dénomination commerciale peut désigner un nom commercial, une dénomination sociale, une raison sociale.

Le nom commercial est une désignation sous laquelle un opérateur économique, exerce son commerce ou son industrie. Alors que la dénomination sociale est un nom sous lequel une personne morale exerce son commerce ou son industrie. Enfin, la raison sociale est une dénomination sociale comprenant les noms patronymiques d'un ou de plusieurs associés.

Toute personne qui emploie son nom propre dans l'exercice de son commerce ou de son industrie l'utilise comme nom commercial. L'usage d'un nom propre comme nom commercial ou comme raison sociale ne peut porter atteinte aux droits des tiers.

En cas d'homonymie, la personne qui emploie la dernière son nom comme nom commercial ou comme raison sociale est tenue d'y apporter des aménagements nécessaires susceptibles d'éviter toute confusion en y enjoignant d'autres éléments distinctifs.

Il sied de noter que le nom commercial, la dénomination sociale et la raison sociale sont cessibles et transmissibles entre vifs ou pour causse de mort.

Toutefois, l'utilisation abusive d'un nom commercial, d'une dénomination sociale ou d'une raison sociale appartenant à un tiers constitue un acte de concurrence déloyale prévue par la loi organique n°18-020 du 09 juillet 2018 relative à la liberté de prix et à la concurrence.

Section 5. Les indications géographiques

Au sens de la présente loi[35], une indication géographique désigne soit une appellation d'origine, soit une indication de provenance. L'appellation d'origine

[35] Article 159 de la loi n°82-001 du 7 janvier 1982.

désigne un lieu déterminé-localité, région, pays-servant à distinguer un ou plusieurs produits qui en sont originaires et dont les caractéristiques sont dues essentiellement au milieu géographique.

L'indication de provenance désigne une expression ou tout signe utilisé pour indiquer qu'un ou plusieurs produits proviennent d'un lieu géographique déterminé localité, région, pays. Par produit, il faut entendre tout bien (naturel, artisanal, agricole ou industriel) susceptible de satisfaire aux besoins de la nation.

Sous réserve des dispositions de l'article 10 de la convention de Paris ainsi que celle du code pénal en matière de transfert, l'utilisation directe ou indirecte d'une appellation d'origine ou d'une indication de provenance est régie par les dispositions de l'article 165.

Les dispositions de l'article 154 sont également applicables, *mutatis mutandis*, aux appellations d'origine et aux indications de provenance. Les mesures d'exécution déterminent les modalités de l'enregistrement, des appellations d'origine et des indications de provenance.

Ne peuvent être protégées, les appellations d'origine ou les indications de provenance qui sont fausses ou contraires à l'ordre public ou aux bonnes mœurs.

Section 6. Les enseignes commerciales

Une enseigne est un signe extérieur utilisé par un commerçant, un industriel ou tout autre opérateur économique intéressé en vue de caractériser son entreprise. L'enseigne peut consister en une dénomination de fantaisie ou en une dénomination tirée d'un genre d'industrie ou de commerce[36]. Les dispositions de l'article 154 sont applicables *mutatis mutandis*, aux enseignes.

---

[36] Article 162 de la loi n°82-001 du 7 janvier 1982.

Seules, les enseignes originales, non contraires à l'ordre public ou aux bonnes mœurs, sont protégées. Toutefois, la reproduction d'un produit de commerce que l'on exerce ne peut être considérée comme une enseigne originale. Les dispositions de l'article 158 sont également applicables aux enseignes.

Section 7. Les dispositions finales en matière de propriété industrielle

Aux termes de l'article 166 de la loi n° 82-001 du 7 janvier 1982, tout litige pouvant subvenir à l'occasion de l'exécution et /ou de l'interprétation de la loi sur la propriété industrielle est du ressort du ministère de l'industrie et du tribunal de grande instance.

Ainsi, le tribunal de grande instance est le tribunal compétent pour connaître des contestations en matière de propriété industrielle. A ce niveau, l'on se demande si les tribunaux de commerce ne seraient pas devenus compétents pour les questions de propriété intellectuelle dès l'entrée en vigueur de la loi qui les a créés.

En effet, nous constatons que l'article 17 de la loi n°002/2001 du 03 juillet 2001 portant création des tribunaux de commerce reste silencieux quant à ce. C'est que, parmi les matières dont il attribue la compétence aux tribunaux de commerce, il n'est pas fait allusion *expressis verbis* aux questions de propriété intellectuelle. La doctrine qui s'y penche n'en dit pas plus.

Mais dans la pratique, les professionnels recouvrent à l'interprétation analogique des points 1°et 3° de l'article 17 sus évoqué en son alinéa 1er. Il s'agit de la compétence des tribunaux de commerce respectivement en matière des contestations relatives aux engagements et transactions entre commerçants et des contestations entre toutes personnes relatives aux actes de commerce aux fonds de commerce, à la concurrence commerciale et aux opération de bourse.

Nous pensons quant à nous que les compétences étant d'attribution, le législateur devrait, par une loi modificative, expliciter cette question en vue d'éviter les exceptions d'incompétence susceptibles d'être invoquées à tout moment par les parties.

Section 8. Les lacunes contenues dans la loi n° 82-001 du 7 janvier 1982 régissant la propriété industrielle

On peut constater que les modèles d'utilité ne sont pas protégés dans la loi n° 82-001 du 7 janvier 1982 régissant la propriété industrielle alors qu'en RDC les petites inventions devraient être encouragées et protégées. Les autorités congolaises devraient donc en tenir compte à travers une nouvelle législation qui doit tenir compte de tous les impératifs et contexte social et juridique de l'heure.

En outre, la loi n° 82-001 du 7 janvier 1982 régissant la propriété industrielle prescrit les mêmes critères (nouveauté, inventivité et application industrielle) tant pour les dessins et modèles industriels que pour les brevets d'invention alors qu'il n'en doit pas être le cas selon le droit de la propriété industrielle.

Cette confusion explique aussi pourquoi la loi congolaise a rangé les deux droits précités dans la rubrique des activités inventives alors que les dessins ou modèles industriels devraient plutôt figurer dans la rubrique des créations ornementales.

La loi n° 82-001 du 7 janvier 1982 régissant la propriété industrielle impose encore la réciprocité de l'application de la convention de Paris alors que cette dernière impose seulement le traitement national. La réciprocité est incompatible avec le traitement national.

Les autorités devraient aussi en tenir compte dans la nouvelle loi.

Par ailleurs, la loi congolaise ne traite pas non plus la question de l'épuisement des droits de propriété industrielle. Or cette question cruciale devrait exister clairement dans la loi comme il en est le cas dans plusieurs lois des pays en voie de développement (cas notamment de la communauté andine pour l'épuisement international et l'OAPI pour le régime restrictif de l'épuisement régional).

La loi n° 82-001 du 7 janvier 1982 régissant la propriété industrielle contient encore beaucoup de lacunes, notamment par rapport aux principes du commerce international posés par l'accord sur les ADPIC, en particulier le traitement national et la clause de la nation la plus favorisée.

La clause de la nation la plus favorisée est une mesure de non-discrimination permettant à un État de bénéficier des mêmes avantages commerciaux que tout autre État, pour l'importation d'un produit similaire. Cette clause incarne le multilatéralisme et tend à lutte contre toutes discriminations à l'égard de certains partenaires du commerce international.

Étant une disposition conventionnelle selon laquelle les pays contractants acceptent de s'octroyer mutuellement les bénéfices des avantages commerciaux supplémentaire qu'ils viendraient à accorder ultérieurement à des pays tiers, elle interdit toute discrimination tant de jure que de facto entre ces produits ; le pays bénéficiaire doit de son côté faire la concession d'une manière réciproque37. L'objectif de cette clause est de décloisonner le commerce mondial. Elle a été à l'origine d'un vaste mouvement d'ouverture commercial et de libéralisme.

---

[37] KUMBU ki NGIMBI, *Droit du commerce international*, Galimage, Kinshasa, 2013, p. 55.

En outre, la loi n° 82-001 du 7 janvier 1982 régissant la propriété industrielle n'accorde pas de protection aux procédés, mais seulement aux produits pharmaceutiques contrairement aux articles 27 et 34 de l'accord sur les ADPIC.

Il convient aussi de noter que la loi n° 82-001 du 7 janvier 1982 régissant la propriété industrielle exige aux détenteurs de brevets (étrangers) d'exploiter ou de faire exploiter industriellement l'invention sur le territoire de la RDC contrairement à l'article 27 al. 1 de l'accord sur les ADPIC.

En outre, les exceptions limitées aux brevets sont illimitées dans la loi n° 82-001 du 7 janvier 1982 régissant la propriété industrielle contrairement à l'article 30 de l'accord sur les ADPIC.

Par rapport aux licences obligatoires, plusieurs conditions posées par l'article 31 de l'accord sur les ADPIC, par exemple, la limitation à l'approvisionnement du marché intérieur ou la recherche du consentement du titulaire du brevet lors de l'octroi de licences obligatoires, n'existent pas dans la loi congolaise actuelle.

En outre, la loi n° 82-001 du 7 janvier 1982 régissant la propriété industrielle prévoit l'octroi des licences exclusives contrairement à l'article 31 let. d) de l'accord sur les ADPIC. Dans la même loi congolaise, la durée des brevets pharmaceutiques est seulement de 15 ans contrairement à l'article 33 de l'accord sur les ADPIC (20 ans) et de 5 ans pour les modèles et dessins industriels contrairement à l'article 26 al. 3 de l'accord sur les ADPIC (10 ans).

Par rapport aux moyens mentionnés dans la loi n° 82-001 du 7 janvier 1982 régissant la propriété industrielle pour faire respecter les droits de la propriété industrielle, ils ne contiennent pas tous ceux qui sont exigés par l'accord sur les ADPIC (articles 41-61 ADPIC), en particulier les mesures à la frontière, les mesures administratives et l'action menée d'office par les autorités douanières.

La loi n° 82-001 du 7 janvier 1982 régissant la propriété industrielle prévoit seulement des mesures civiles (action en contrefaçon, dommages-intérêts, saisie conservatoire, injonction (articles 88-92 et 95) et la sanction pénale (article 93-95).

La même loi pose aussi un problème de structure car plusieurs dispositions qui auraient pu être groupées dans une même rubrique sont éparpillées partout ailleurs (dans la loi).

Cette loi n° 82-001 du 7 janvier 1982 régissant la propriété industrielle doit se libérer de son carcan restrictif le limitant essentiellement au contexte interne de la RDC pour s'adapter non seulement aux instruments juridiques internationaux auxquels le pays a adhéré et aux instruments internes pris avec la publication de cette loi mais aussi et surtout aux nouvelles technologies de l'information et de la communication.

CHAPITRE II.

LA LEGISLATION CONGOLAISE SUR LES DROITS D'AUTEUR ET DROITS VOISINS

0.1 Prélude

Le législateur congolais ne définit pas les notions de droits d'auteur et de droits voisins. Il se limite à en donner l'objet, l'étendue de protection. Le droit d'auteur protège la forme dans laquelle l'idée est présentée et non l'idée elle-même. Il ne s'attache pas au fond mais à la forme d'expression de l'idée.

C'est ainsi qu'on peut avoir des œuvres écrites (livres, brochures), œuvres orales (conférences, allocations, plaidoiries sermons), œuvres dramatiques, écrites ou non, avec ou sans parole, œuvres chorégraphiques, cinématographique, radiographiques, audiovisuelles, œuvres de dessins, peintures, sculpture, architecture, gravure, tapisserie…

La législation sur le droit d'auteur de nombreux pays protège aussi les programmes d'ordinateurs comme étant des œuvres littéraires. L'expression « droits voisins » ne jouit pas de la faveur de la doctrine et son contenu reste imprécis ; consacrée par l'usage, elle a cependant fini par s'imposer.

Selon le glossaire de l'OMPI, ce vocable s'entend généralement «de droits accordés dans un nombre croissant de pays pour protéger les intérêts des artistes interprètes ou exécutants, des producteurs des phonogrammes et des organismes de radiodiffusion en relation avec leurs activités liées à l'usage public d'œuvres d'auteur, à tous les types de prestations artistiques ou à la transmission publique d'événement, d'information et de sons ou d'image ».

Ainsi, le droit d'auteur peut être donc entendu comme un droit exclusif de produire, de reproduire, de publier ou d'exécuter une œuvre originale de nature littéraire, artistique, dramatique ou musicale. Le créateur est généralement le titulaire du droit d'auteur. ...

0.2. Le rôle des droits d'auteur dans les pays en développement

Les pays en développement ont autant besoin de développer la création nationale que d'accéder à la production étrangère. En ce sens, le droit d'auteur joue un rôle majeur puisqu'il aide de façon déterminante, à atteindre les deux objectifs, qui ne sont plus contradictoires même s'ils peuvent le paraître à première vue.

Il est actuellement prouvé que le droit d'auteur est de nature à stimuler l'activité créatrice en permettant aux créateurs d'obtenir une rétribution pécuniaire, de faire respecter leurs œuvres et reconnaître leur condition d'auteur ; en même temps, il est utile à l'entrepreneur en garantissant ses investissements, assurant ainsi l'essor des industries culturelles et, par conséquent, une large diffusion des œuvres dans l'intérêt de la communauté.

Lorsqu'il n'existe pas de loi dans ce domaine, ou lorsque la législation ne présente pas les niveaux de protection appropriés pour garantir effectivement les droits d'auteurs, ou bien qu'il n'y a pas de sociétés d'auteurs pour représenter ceux-ci efficacement, ou qu'on observe une attitude tolérante envers les contrefacteurs, on prive tous les secteurs intéressés de bénéfice attachés aux droits d'auteur.

Pour le cas particulier du droit congolais, la protection des droits d'auteur et des droits voisins est portée par l'Ordonnance loi n° 86-053 du 5 avril 1986 qui a abrogé en son article 112 le décret du 21 juin 1948 relatif à la même matière.

Dans ce chapitre, il est question d'analyser tour à tour l'objet du droit d'auteur (1), la titularité des droits d'auteurs (2), le contenu des droits d'auteur (3), l'exploitation des droits patrimoniaux (4), la durée de la protection des droits d'auteur (5), les droits voisins (6), la protection des droits d'auteur (7), les lacunes contenues dans l'ordonnance-loi n°86-033 du 5 avril 1986 portant protection des droits d'auteur (8) ainsi que la Société congolaise des droits d'auteur et la protection des œuvres d'esprit (9).

Section 1. L'objet du droit d'auteur

L'objet de la protection du droit d'auteur est l'œuvre. Pour le droit d'auteur, l'œuvre est l'expression personnelle de l'intelligence, laquelle développe une pensée qui se manifeste sous une forme perceptible, possède une originalité suffisante et se prête à la communication publique et à la transformation.

Pour le législateur congolais, l'auteur d'une œuvre jouit sur cette œuvre du seul fait de sa création d'un droit de propriété incorporelle exclusif et opposable à tous[38]. L'œuvre est réputée créée, indépendamment de toute divulgation publique, du seul fait de la réalisation, même inachevée, de la conception de l'auteur[39]. De ce qui

[38] Article 1er de l'Ordonnance - loi n° 86-053 du 5 avril 1986.

[39] Article 2 de l'Ordonnance - loi n° 86-053 du 5 avril 1986.

précède, il se dégage quelques principes généraux dont l'examen s'impose.

§1. Les principes généraux des droits d'auteur

La protection de l'œuvre est régie par les principes généraux suivants :

- le droit d'auteur protège les création des formes et non les idées ; il s'agit donc de la protection de l'expression ou de la forme sous laquelle est développée la pensée en accordant au créateur des droits exclusifs à caractère patrimonial de reproduction et de communication publique de l'œuvre et des droits à caractère personnel ou moral.

- L'originalité est la condition nécessaire de la protection[40]: l'originalité est une notion subjective. Aussi certains auteurs préfèrent-ils parler d'individualité. En effet, en matière de droit d'auteur, l'originalité réside dans l'expression créative et individualité de l'œuvre, si infinie que soit la part de création et d'individualité, s'il suffit que l'œuvre exprime ce qui est propre à l'auteur, qu'elle porte une marque de sa personnalité, c'est-à-dire qu'elle ait quelque chose d'individuel, de propre à l'auteur.

  C'est donc la marque de propriété que l'auteur y imprime. La question de l'originalité d'une œuvre est une question de fait. Elle ne peut pas être appréciée de la même façon dans toutes les œuvres ; elle diffère selon qu'il s'agit d'œuvres techniques ou d'œuvres littéraires, de fiction, de composition, de musique populaire ou d'œuvre dérivées.

---

[40] Article 5 de l'Ordonnance - loi n° 86-053 du 5 avril 1986.

- La protection est indépendante de la valeur ou du mérite de l'œuvre, de sa destination ou de sa forme d'expression[41] : la valeur culturelle ou artistique d'une œuvre n'est pas prise en considération lorsqu'il s'agit de déterminer si elle bénéficie de la protection conférée par le droit d'auteur.

  L'œuvre est aussi protégée quelle que soit sa destination culturelle ou utilitaire. Le fait qu'un dessin ait été réalisé pour les besoins d'une activité commerciale ou industrielle ne le prive pas de la protection que lui assure le droit d'auteur contre la reproduction et, en général, contre toute utilisation non autorisée.

- En outre, aux fins de la protection du droit d'auteur, le fait que l'œuvre soit exprimée sous forme écrite ou orale, qu'elle ait été représentative ou fixée sur une bande sonore ou audiovisuelle est sans intérêt.

- La protection n'est pas subordonnée à l'accomplissement des formalités : la création est le titre originaire du droit d'auteur. En effet, contrairement à ce qui se passe dans le droit de la propriété industrielle, le droit d'auteur naît de l'acte de création et non de la reconnaissance par l'autorité administrative.

§2. Les œuvres protégées par les droits d'auteur

Aux termes de l'article 4[42] de l'Ordonnance - loi n° 86-053 du 5 avril 1986 portant protection des droits d'auteur et des droits voisins, le législateur donne une énumération indicative des œuvres protégées.

---

[41] Article 2 de l'Ordonnance - loi n° 86-053 du 5 avril 1986.
[42] Article 4 de l'Ordonnance - loi n° 86-053 du 5 avril 1986.

Et pour marquer qu'il s'agit d'une énumération non limitative, il s'exprime de la manière suivante «sont considérées notamment comme œuvres de l'esprit» :

a) Les livres brochures et autres écrits littéraires, artistiques et scientifiques ;
b) Les conférences, allocutions, plaidoiries, leçons, mémoires, commentaires et autres œuvres de même nature tant sous forme orale que sous écrite ou enregistrée ;
c) Les œuvres dramatiques, dramatiques et musicales et les œuvres théâtrales en général de même que les œuvres chorégraphiques et les pantomimes dont la mise en scène est fixée ;
d) Les compositions musicales avec ou sans paroles ;
e) Les œuvres cinématographiques auxquelles sont assimilées les œuvres exprimées par un procédé analogues à la cinématographie ;
f) Les journaux, revues et autres publications de même nature ;
g) Les œuvres de dessins, de peinture, d'architecture, de gravure ;
h) Les œuvres photographiques ;
i) Les œuvres d'arts appliquées ;
j) Les illustrations, les cartes géographiques ainsi que les ouvrages plastiques relatifs à la géographie, à la topographie, à l'architecture ou à toute autre science ;
k) Les plans, croquis et maquettes d'architectures ;
l) Les adaptations, traducteurs, arrangements de musique et autres transformations à condition qu'elles aient été autorisées par l'auteur de l'œuvre originale lorsque celle-ci n'appartient pas au patrimoine culturel commun ;
m) Les recueils d'œuvre littéraire ou artistiques tels que les encyclopédies, guides, dictionnaire et anthologies qui par le choix ou la disposition des matières, constituent

des créations intellectuelles protégées comme telle sans préjudice des droits d'auteur sur chacune des œuvres faisant partie de ces recueils ;

n) Le folklore ;

o) Les œuvres inspirées du folklore.

Les œuvres citées ci-dessus peuvent être regroupées en deux catégories : d'une part les œuvres originales dans le sens d'originaires ou de primitives (littéraires, musicales, dramatiques ou théâtrales…) et d'autre part les œuvres dérivés (adaptations, traductions, compilation, commentaires, arrangements musicaux et autres transformations).

1. Les œuvres originales

Aux termes de l'article 6 de de l'ordonnance-loi[43] susdite, une œuvre originale est une œuvre présentée sous sa forme primitive de la création. L'expression «œuvres originales» est habituellement employée pour désigner les œuvres originaires ou primitives et pour les différencier des œuvres dérivées de celle-ci.

Etant donné que l'originalité de l'idée ne compte pas puisqu'elle ne jouit pas de protection en tant que telle, une œuvre peut être originale par sa composition ou son contenu, ou par son expression ou sa forme. Dans les droits d'auteur, sont réputées absolument originales les œuvres qui le sont à la fois par la composition et par l'expression. Les œuvres dérivées quant à elles, sont relativement originales (soit par la composition seulement, soit l'expression seulement).

Notons que si la forme sous laquelle l'auteur réalise une œuvre littéraire importe peu (manuscrite, tapée à la machine ou sur ordinateur, dictée ou enregistrée et

---

[43] Article 6 de l'Ordonnance - loi n° 86-053 du 5 avril 1986.

transcrite ensuite par une autre personne) autant que pour la composition d'une œuvre musicale ; il n'en est pas de même pour les œuvres d'art (arts plastiques), dont l'originalité est attachée à la condition de leur réalisation personnelle par l'auteur.

Analysons de plus près certaines des œuvres originales :

A. Les œuvres littéraires

Celles-ci sont exprimées par écrit tout comme elles peuvent l'être oralement. Outre les œuvres littéraires traditionnelles (contes, poèmes, nouvelles, œuvres scientifiques : ouvrages, syllabus etc), les slogans publicitaires, les annuaires, les recueils des recettes culinaires, les catalogues sont aussi protégés au titre de droit d'auteur pourvu qu'ils témoignent d'efforts intellectuels ou dénotent une certaine individualité qui les différencient de ceux qui existent déjà.

Les lettres missives sont également protégées. Il faut cependant distinguer ici le droit de l'auteur du texte, dont l'autorisation est nécessaire pour la publication de la lettre, et les droits du destinataire, tant sur le document qui lui appartient en tant qu'objet physique qu'eu égard au secret de la correspondance. Ce dernier constitue un obstacle au libre exercice du droit de divulgation de l'auteur de la lettre. Les lettres du destinataire ne ressortissent pas au droit d'auteur.

Sont exclus de la protection du droit d'auteur les textes officiels (lois, décrets, règlements, résolutions y compris les travaux préparatoires, les mémoires, les rapports…), les nouvelles du jour et les informations de presse (nouvelles brèves et pas les articles de fond : reportages, éditoriaux).

B. Les œuvres musicales

La musique d'après Dellia LIPSZYC est l'art de combiner les sons de la voix humaine ou des instruments, ou de deux à la fois, de façon à émouvoir la sensibilité. Les éléments constitutifs des œuvres musicales sont la mélodie, l'harmonie et le rythme.

La mélodie désigne toutes les relations possible entre des sons successif ; l'harmonie est la combinaison des sons simultanés, différents mais s'accordant entre eux ; enfin le rythme est la sensation déterminée par les rapports de durée relative, soit de différents sons consécutifs, soit de diverses répercussion ou répétitions d'un même son ou d'un même bruit.

Pour le droit d'auteur, on ne peut acquérir les droits exclusifs que sur la mélodie (suite cohérente des notes thèmes à partir desquels se développe une œuvre musicale, simple ou composée, indépendamment de l'accompagnement) qui équivaut à la composition ou au développement de l'idée dans les œuvres littéraire mais non à l'idée elle-même.

C. Les œuvres théâtrales

Elles comprennent les œuvres dramatiques, les œuvres dramatico-musicales, les chorégraphies et les pantomimes. Certaines législations subordonnent la protection de ces œuvres à leur fixation. Tel n'est pas le cas en droit congolais.

La fixation fournit certes la preuve de l'œuvre, mais son absence n'est pas une raison suffisante pour justifier par exemple des utilisations faites sans l'autorisation de l'auteur. Il en est ainsi des œuvres orales.

D. Les œuvres d'art.

Elles comprennent la peinture, le dessin, la gravure, la sculpture, la photographie et l'architecture. L'originalité a, dans ce domaine, des connotations particulières. Ainsi, les ébauches et les essaies qui précèdent l'œuvre constituent en eux-mêmes des œuvres protégées.

E. Le folklore

L'exploitation commerciale des productions du folklore est une préoccupation pour les pays en développement qui en sont venus à revendiquer la reconnaissance législative de leurs droits sur les expressions du folklore de leurs communautés autochtones afin qu'elles ne soient plus utilisées dans des conditions qui les dénaturent, sans leurs autorisations et sans que l'exploitation qui en est faite donne lieu à rétribution.

L'alinéa 4 de l'article 15 de la convention de Berne (comparer avec l'Acte de Paris de 1971) pose 4 conditions pour que les œuvres folkloriques soient protégées par les législateurs nationaux:

- il doit s'agir d'une œuvre non publiée ;
- il doit s'agir d'un auteur inconnu ;
- il faut qu'il y ait lieu de présumer que l'auteur quoi qu'inconnu, est ressortissant d'un pays de l'Union de Berne ;
- il faut que le pays en question ait désigné une autorité qui agira comme l'éditeur les pour œuvres anonymes et pseudonymes, c'est-à-dire qui représentera cet auteur inconnu pour sauvegarder et faire valoir ses droits. Le pays de l'Union qui a procédé à la désignation d'une telle autorité doit le notifier au Directeur général de l'OMPI.

F. Le programme d'ordinateur

Par programme d'ordinateur, on entend un ensemble d'instruments exprimées par des mots, des codes, des schémas ou par toutes formes pouvant, une fois incorporées dans un support déchiffrable par une machine et traduites en impulsions électroniques, faire accomplir ou faire obtenir une tâche ou un résultat particulier par un ordinateur.

En 1964, année de généralisation de l'utilisation d'ordinateur grâce à l'IBM 360, les ordinateurs se vendaient avec les programmes. Le problème de la protection du programme d'ordinateur ne se posait pas encore parce qu'il faisait partie intégrante de l'ordinateur, lequel était protégé par le droit de la propriété industrielle.

La nécessité d'assurer aux programmes d'ordinateurs une protection autonome a été ressentie dès qu'apparurent deux marchés indépendants, le marché des ordinateurs d'une part et celui des programmes de l'autre part. Les avis furent partagés quant au régime juridique des protections des programmes jusqu'au moment où l'opinion en faveur de leur assujettissement aux droits d'auteur a prévalu.

En effet, il a été reconnu que le programme d'ordinateur constitue une œuvre de l'esprit, fruit d'un processus de création analogue à celui que requiert une œuvre littéraire que s'il est original dans sa composition et dans son expression, est protégé par le droit d'auteur.

2. Les œuvres dérivées

L'œuvre dérivée est celle qui résulte de l'adaptation, de la transformation d'une œuvre originale de manière qu'elle constitue une œuvre autonome[44].

---

[44] Article 6 alinéa b de l'Ordonnance - loi n° 86-053 du 5 avril 1986.

Les œuvres dérivées sont celles qui se fondent sur une œuvre préexistante : adaptation, mise à jour, anthologie, extrait et toute transformation d'une œuvre antérieure. Lorsque l'œuvre préexistante appartient au domaine privé, l'autorisation de son auteur est nécessaire pour la réalisation de l'œuvre dérivée.

Les œuvres dérivées sont des œuvres composites. Et aux termes de l'article 6 point j, est dite composite l'œuvre nouvelle à laquelle est incorporée une œuvre préexistante sans la collaboration de l'auteur de cette dernière. Lorsque l'auteur de l'œuvre originaire collabore à l'élaboration de l'œuvre dérivée, celle-ci sera réputée œuvre composite créée en collaboration.

Cette situation pose la problématique de la titularité des œuvres que nous étudions au chapitre suivant.

Section 2. La titularite des droits d'auteur

§1. La qualité d'auteur

Le terme «auteur» désigne la personne qui crée l'œuvre. L'auteur est le sujet originaire du droit d'auteur. Le droit d'auteur naît donc de la création intellectuelle. Celle-ci ne pouvant être réalisée que par des personnes physiques, il s'ensuit que la titulaire originaire du droit d'auteur revient à la personne physique qui crée l'œuvre.

Les personnes morales peuvent être les titulaires dérivées de certains droits d'auteur mais, pour que leur soit attribuée la qualité d'auteur ou la titularité originaire des droits attachés aux œuvres, il est nécessaire de recourir aux fictions juridiques.

Est présumé auteur de l'œuvre, d'après la législation congolaise sur les droits d'auteur, la personne dont le nom ou le pseudonyme est mentionné sur l'œuvre divulguée. C'est l'article 8 de l'ordonnance n° 86-033 du 5 avril 1986 qui institue cette présomption. La doctrine ajoute la signature, le signe ou toute autre expression permettant d'identifier l'auteur. La titularité dérivée ne peut jamais englober l'intégralité du droit d'auteur (moral et patrimonial).

Le droit d'auteur, même portant sur une œuvre produite dans le cadre d'un contrat de louage de service ou d'ouvrage, appartient à titre originaire à l'auteur. L'employeur ne peut exploiter l'œuvre de l'auteur que dans la limite spécifique de l'activité qui est habituellement la sienne.

§2. La qualité de coauteur

Lorsque plusieurs auteurs ont participé à la création d'une œuvre en travaillant ensemble ou séparément, mais en créant chacun leurs apports, d'un genre semblable ou différent, afin que ceux-ci donnent lieu à une exploitation commune et forme une unité, on dit que l'œuvre émane des coauteurs. Les œuvres de ce genre sont répandues.

Elles comprennent :

- Les œuvres de collaboration, c'est-à-dire celles à la création desquelles ont concouru deux ou plusieurs personnes physique ou morales (compositions musicales avec paroles, œuvres dramatico-musicales, œuvres cinématographiques). Le droit d'auteur sur une œuvre de collaboration appartient aux coauteurs qui exercent leurs droits d'un commun accord[45]. En cas de désaccord, il appartient à la juridiction compétente de statuer.

  Lorsque la participation de chacun des coauteurs relève de genres différents, chacun pourra, sauf convention contraire, exploiter séparément sa contribution

[45] Article 9 de l'Ordonnance - loi n° 86-053 du 5 avril 1986.

personnelle, sans toutefois porter préjudice à l'exploitation de l'œuvre commune.

- Les œuvres collectives, c'est-à-dire celles créées à l'initiative d'une personne physique ou morale qui les publie ou les divulgue sous la direction de son nom et dans lesquelles la contribution personnelle de divers auteurs ayant participé à leur élaboration se fait dans l'ensemble en vue duquel elles sont conçues de telles manière qu'il n'est pas possible d'attribuer à chacun d'eux un droit distinct sur l'ensemble réalisé.

  C'est le cas des dictionnaires, encyclopédies, revues et journaux, recueils de jurisprudence… Ici, le droit d'auteur sur une œuvre collective appartient, sauf preuve contraire, à la personne physique ou morale qui en a pris l'initiative et sous le nom de laquelle elle est divulguée[46].

- Il faut noter que les œuvres composites (adaptations, traduction et autres transformation) ne sont pas des œuvres émanant des coauteurs. En effet, ici l'œuvre nouvelle incorpore l'œuvre préexistante sans la collaboration de l'auteur de cette dernière ; c'est ainsi que pour les droits, on distingue le concours d'auteurs et la pluralité d'auteurs.
  Le droit d'auteur sur une œuvre composite appartient à la personne qui l'a créée, sous réserve des droits de l'auteur de l'œuvre préexistante.

- L'auteur d'une œuvre pseudonyme ou anonyme jouit sur celle-ci des droits reconnus par la présente ordonnance-

[46] Article 10 de l'Ordonnance - loi n° 86-053 du 5 avril 1986.

loi[47]. Toutefois, tant que l'auteur n'a pas révélé son identité, l'éditeur dont le nom est indiqué sur l'œuvre est, sans autre preuve, réputé représenter l'auteur et est fondé, en cette qualité, à sauvegarder et à faire valoir les droits de celui-ci.

- Le droit d'auteur sur traduction, adaptation, transformation ou arrangement de toute œuvre de l'esprit appartient à son auteur, sans préjudice du droit de l'auteur de l'œuvre originaire. Il en est de même des auteurs d'anthologies ou recueils d'œuvres diverses qui, par le choix ou la disposition des matières, constituent des créations intellectuelles nouvelles.

- Le droit d'auteur sur le folklore appartient à l'État qui l'exerce suivant les modalités fixées par le président de la République. Le droit d'auteur sur l'œuvre inspirée du folklore appartient à la personne qui l'a créée.

- Le droit d'auteur sur une œuvre cinématographique appartient en commun aux créateurs suivants :
  1. l'auteur du scénario ;
  2. l'auteur de l'adaptation ;
  3. l'auteur du texte parlé ;
  4. l'auteur de la composition musicale avec ou sans paroles spécialement réalisée pour cette œuvre ;
  5. le réalisateur ;
  6. le dessinateur principal, lorsqu'il s'agit du dessin animé ;
  7. l'auteur de l'œuvre originaire, lorsque l'œuvre cinématographique est tirée d'une œuvre préexistante encore protégée.

---

[47] Articles 12 et suivants de l'Ordonnance - loi n° 86-053 du 5 avril 1986.

Section 3. Le contenu des droits d'auteur et ses limitations

Le droit d'auteur ne se borne pas à assurer au créateur la possibilité de tirer des avantages économiques de l'exploitation de l'œuvre ; il protège également ses relations intellectuelles et personnelles avec elle et avec l'utilisation qui en est faite.

Ainsi, la faculté du droit d'auteur est double. Il comprend des prérogatives exclusives qui sont sa substance elle-même: d'une part, celles à caractère personnel et qui constituent le droit patrimonial.

Les premières permettent de protéger la personnalité de l'auteur telle qu'elle s'exprime à travers son œuvre et les secondes permettent à l'auteur d'opérer l'exploitation économique de son œuvre ou, comme il est habituel, d'autoriser un tiers à le faire.

§1. Le droit moral rattaché aux œuvres d'esprit

Le droit moral comprend pour l'essentiel, le droit qu'a l'auteur de décider de la divulgation de l'œuvre (la rendre publique ou la garder dans la sphère de son intimité de sa création, de se repentir ou de se rétracter, ses convictions ayant changé, et de retirer son œuvre de la circulation.

En effet, en droit congolais, l'auteur d'une œuvre protégée jouit du droit exclusif de revendiquer la paternité de son œuvre et, en particulier, d'exiger que son nom soit indiqué toute les fois que l'œuvre ou une partie de celle-ci est citée: communiquée ou oubliée, reproduite ou transformée de quelques manières que ce soit[48].

L'auteur joue de même droit exclusif de veiller à l'intégrité de son œuvre. Il peut à cet effet, s'opposer à toute déformation, mutilation, modification, ou de façon

---

[48] Articles 17 et ss de l'ordonnance – loi 86 – 033 du 5 avril 1986.

générale, en toute atteinte à son œuvre. Il peut s'opposer à ce que l'œuvre publiée soit détruite.

Toute traduction, adaptation, transformation ou engagement de quelque nature que ce soit, ne peut être fait que par lui-même ou avec son autorisation. L'auteur a le droit d'apporter à son œuvre de modification qu'il estime propre à la rendre conforme à l'idéal qu'il a.

Il peut s'opposer à ce que son œuvre soit publiée en l'état et même la détruire s'il juge indigne et s'oppose à ce que de tiers la reconstituent. Tout acte tendant à parfaire l'œuvre inachevée ne peut être entrepris par le tiers qu'avec l'autorisation préalable de l'auteur et le consentement de concessionnaire s'il y en a. Il suit de ce qui précède que le droit moral est extrapatrimonial, inhérent à la qualité d'auteur et absolu.

Il est extra patrimonial parce qu'il n'est pas appréciable en argent même s'il produit des conséquences indirectes, comme les possibilités de l'auteur de percevoir les revenus accru (par le contrat ou lors de la fixation de montant d'indemnisation portant atteinte à ce droit). Il est inhérent à la qualité d'auteur en ce sens qu'il s'attache à la personne du créateur ; l'auteur le conserve sa vie durant même lorsqu'il s'agit des œuvres dont la durée de protection est expirée.

Enfin, il est absolu parce qu'il est opposable à tous (*erga omnes*). Bref, le droit moral est inaliénable et toute transmission entre vif du droit d'auteur ne peut porter que sur les droits patrimoniaux. Ils sont perpétuels imprescriptibles et inaliénables.

Notons que, en vertu du droit de divulgation, lors que l'auteur s'engage par contrat les commandes à créer une œuvre (obligation de faire) le créancier ne peut :

- Requérir l'exécution forcée : il peut néanmoins, en cas d'inexécution, solliciter le paiement des dommages et

intérêts sans préjudice du remboursement des sommes avancées ;
- Imposer au public la communication d'une œuvre inédite pour se rembourser sur le produit de son exploitation ni saisir le droit d'exploitation en général ; il ne peut saisir que les fruits du droit d'exploitation déjà exercé par l'auteur.

L'aliénation du support matériel d'une œuvre (surtout d'une œuvre d'art) n'entraine en soi aucun transfert de titularité de droit appartenant à l'auteur. Ce dernier conserve tant le droit moral que le droit patrimoniaux.

Les droits moraux rattachés à la personne même de l'auteur sont perpétuels, imprescriptibles et inaliénables.[49] Ils ne peuvent être exercés par les héritiers et autres ayants cause que dans le but de protéger la mémoire de l'auteur.

§2. Les droits patrimoniaux rattachés aux œuvres d'esprit

L'auteur a le droit d'exploiter lui-même son œuvre ou de céder ses droits d'exploitation de manière à en tirer, s'il y a lieu, un profit pécuniaire[50].

Nonobstant la cession de l'œuvre, les auteurs d'œuvres graphiques et plastiques ont un droit de participation jusqu'à concurrence de 5% du produit de toute vente ou revente de cette œuvre.

Par ailleurs, tout propriétaire, concessionnaire, entrepreneur de spectacles, locataires ou toute autre personne qui exploite une salle de spectacle ou un local public, une station radiodiffusion ou de télévision où sont représentées ou exécutées des œuvres de l'esprit d'auteurs nationaux ou étrangers est tenu de payer une redevance

[49] Articles 22 et ss de l'ordonnance – loi 86 – 033 du 5 avril 1986.
[50] Articles 20 et ss de l'ordonnance – loi 86 – 033 du 5 avril 1986.

fixée par contrat au titulaire de droit d'auteur et droits voisins.

Comme nous pouvons le constater, la législation congolaise n'énumère pas les droits patrimoniaux. Autrement dit, l'auteur dispose d'autant de droit d'exploitation qu'il y a des formes possibles d'utilisation de son œuvre non seulement au moment de la création de celle-ci, mais aussi tant qu'elle reste dans le domaine privé graphique ou par tout autre moyen d'enregistrement mécanique, adaptation, cinématographique, représentation, récitation, exécution publique, radio diffusion, télévision…)

Les droits patrimoniaux sont en partie ou en totalité cessibles à titre gratuit ou onéreux et transmissibles par succession. A défaut de l'être par l'effet de la loi, le transfert de l'un quelconque de ce droit doit être constaté par un écrit. La cession globale des œuvres futures est nulle.

Nonobstant la cession de son droit d'exploitation, l'auteur, même postérieurement à la publication de son œuvre, jouit d'un choix de repentir ou de retrait vis-à-vis du cessionnaire et ce, moyennant indemnisation préalable de ce dernier. Et, lorsque postérieurement à l'exercice de ce droit, l'auteur décide de faire publier son œuvre, le cessionnaire originaire est préféré quant à l'offre de droit d'exploitation et ce, dans les conditions initialement déterminée.

Cependant, lorsqu'il s'agit d'une œuvre physique ou d'un portrait sur commande par peinture, photographie ou autrement[51] :

- L'auteur n'a pas le droit de le reproduire ou de l'exposer publiquement sans assentiment de la personne qu'il a commandé ou celui de ceux ayant droits ;

---

[51] Articles 23 et ss de l'ordonnance – loi 86 – 033 du 5 avril 1986.

- Ni l'auteur, ni le propriétaire du portrait n'a le droit de le reproduire ou de l'exploser publiquement sans assentiment de la personne représentée ou celui des ayants droits.

Tout contrat de cession doit comporter entre autres :

1. Le domaine et la formation de l'exploitation ;
2. La durée du contrat de cession ;
3. Le nombre d'exécutions, de représentations, de diffusions ou le nombre d'exemplaires ;
4. Le montant de la numérisation et le mode de paiement. La numération de l'auteur ne peut en aucun cas être inférieur à 10% des recettes de la vente ou de l'exploitation de l'œuvre ;
5. Les dispositions d'éventuelle modification du contenu ou sa résiliation.

Les contrats sur le droit d'auteur doivent s'interpréter de manière restrictive. Cependant, les limitations au droit de l'auteur sont légales.

§3. Les limitations aux droits d'auteur

Il est licite de reproduire dans le but culturel, scientifique, didactique de critiques ou des polémiques, des citations ou fragment d'œuvres protégées, en conditions d'en mentionner la source, le titre et le nom de l'auteur[52]. De même, en vue d'illustrer un texte, la reproduction photographique dans les anthologies destinées à l'usage didactique et dans les œuvres scientifiques est autorisée.

A propos de la presse écrite, l'on peut reproduire un article publié dans un journal ou une revue, sauf si la

---

[52] Articles 24 et ss de l'ordonnance – loi 86 – 033 du 5 avril 1986.

mention d'interdiction de reproduction est indiquée. Il faut signaler la source, le titre et le nom de l'auteur.

Est licite, sous réserve que soient indiqués le nom de l'auteur et la source, la diffusion intégrale ou partielle par la voie de la presse ou de la radiodiffusion, à titre d'information d'actualités, des conférences et des discours destinés au public, prononcés dans les assemblées politiques, administratives, judiciaires ou académiques ainsi que dans les réunions publiques d'ordre politique et les cérémonies officielles.

Toutefois, l'autorisation de l'auteur est requise si l'œuvre doit être reproduite dans les collections séparées, complètes ou partielles ainsi que sou forme de brochure.[53]

Les leçons données dans le cadre de l'enseignement peuvent être reproduites ou résumées par ceux à qui elles s'adressent. Cependant, elles ne peuvent pas être publiées, en tout ou en partie, sans l'autorisation écrite des auteurs ou de leurs ayants droit.

La reproduction d'une œuvre d'architecture par le moyen de la photographie, de la cinématographie, de la télévision ou par tout autre procédé similaire ainsi que la publication des photographies correspondantes dans les journaux, revues et manuels scolaires est licite et ne peut donner lieu au paiement des droits d'auteur.

Est exempte d'autorisation de l'auteur, la reproduction dans un film ou dans une émission de télévision d'œuvres d'arts figuratifs placés de façon permanente dans un lieu public ou dont l'inclusion dans le film ou dans l'émission n'a qu'un caractère incident par rapport au sujet principal.

L'auteur d'une œuvre d'architecture ne peut empêcher les modifications que le propriétaire a décidées d'y apporter. Toutefois, il peut s'opposer à ce que son nom soit mentionné comme auteur de la modification.

---

[53] Articles 26 et ss de l'ordonnance – loi 86 – 033 du 5 avril 1986.

Ici, le droit de la propriété l'emporte sur le droit d'auteur sans cependant sacrifier la nécessité de promouvoir l'architecture dans une société en quête d'urbanisation.

Peuvent être faites sans l'autorisation préalable de l'auteur, et pour autant que l'œuvre ait déjà été divulguée, les représentations faites gratuitement lorsqu'elles sont données dans un établissement d'enseignement, pendant les heures de cours, et ont un rapport direct avec le sujet du cours.

La presse écrite ou parlée peut reproduire un article publié dans un journal ou une revue, à la condition d'en indiquer la source, le titre et le nom de l'auteur, à moins que cet article ou le périodique dans lequel il est publié ne porte la mention que la reproduction en est interdite. Les nouvelles du jour et les faits divers qui ont caractère de simples informations de presse pourront être librement utilisées.

Section 4. L'exploitation des droits patrimoniaux

§1. Les règles générales applicables à la transmission des droits d'auteur

Le principe de l'autonomie de la volonté étant souvent préjudiciable à la partie économiquement faible, l'interventionnisme étatique est nécessaire pour rétablir l'équilibre entre les parties et les patrimoines en substituant à l'égalité juridique une égalité réelle. Ainsi, au regard du caractère protecteur de la règlementation par la loi de la transmission entre vifs des droits d'auteur, les règles applicables ont généralement un caractère obligatoire.

Ce transfert opère autrement que par l'effet de la loi doit être constaté par un écrit. Et il faut rappeler que l'auteur dispose toujours de son droit de repentir ou de retrait en dépit de la cession de son droit d'exploitation. Toutefois, outre les principes de l'indemnisation, le cessionnaire a un droit de préemption sur le droit qui l'avait originairement en cas de publication.

Les attributs du droit d'auteur mentionnés à l'article 20 de la présente ordonnance-loi sont en partie ou en totalité cessibles à titre gratuit ou onéreux et transmissibles par succession. Le transfert de l'un quelconque des droits visés aux articles 20 et 21 opéré autrement que par l'effet de la loi doit être constaté par un écrit.

Nonobstant la cession de son droit d'exploitation, l'auteur même postérieurement à la publication de son œuvre, jouit d'un droit de repentir ou de retrait vis-à-vis du cessionnaire. Il ne peut toutefois exercer ce droit qu'à charge pour lui d'indemniser préalablement le cessionnaire du préjudice que ce repentir ou ce retrait peut lui causer.

Lorsque, postérieurement à l'exercice du droit de repentir ou de retrait, l'auteur décide de faire publier son œuvre, il est tenu d'offrir par priorité ses droits d'exploitation au cessionnaire qu'il avait originairement choisi et aux conditions originairement déterminées.

Tout contrat de cession doit comporter entre autres[54]:

1. le domaine et la forme d'exploitation ;
2. la durée du contrat de cession ;
3. le nombre d'exécutions, de représentations, de diffusions ou le nombre d'exemplaires, s'il s'agit d'édition ou de reproduction mécanique ;
4. le montant de la rémunération et le mode de paiement. La rémunération de l'auteur ne peut en aucun cas être inférieure à 10 % des recettes de la vente ou de l'exploitation de l'œuvre ;

---

[54] Article 36 et ss de l'ordonnance – loi 86 – 033 du 5 avril 1986.

5. des dispositions permettant d'éventuelles modifications de son contenu ou sa résiliation.

La cession globale des œuvres futures est nulle.

§2. Les dispositions particulières aux contrats d'exploitation

1. Le contrat d'édition

Au terme de l'article 38 de l'Ordonnance - loi[55] sous examen, *le contrat d'édition est la convention par laquelle, l'auteur d'une œuvre ou ses ayants droits cèdent à des conditions déterminées à un éditeur le droit de fabriquer ou de faire fabriquer des exemplaires de l'œuvre et d'en assurer la publication et la diffusion.*

Le contrat d'édition doit déterminer la forme et les modes d'expression, les modalités d'exécution de l'édition, et les clauses de résiliation[56]. Il doit faire mention du minimum d'exemplaires constituant le premier tirage. Toutefois, cette obligation ne s'applique pas aux contrats prévoyant un minimum des droits d'auteur garantis par l'éditeur.

L'éditeur ne peut, sans l'accord de l'auteur, apporter à l'œuvre aucune modification. Il doit, sauf stipulation contraire du contrat, faire figurer sur chacun des exemplaires le nom ou le pseudonyme de l'auteur. Le contrat doit prévoir au profit de l'auteur ou de ses ayants droit une rémunération proportionnelle aux produits d'exploitation de l'œuvre.

De plus, le contrat d'édition peut prévoir, soit à la commande, s'il s'agit d'une œuvre de commande, soit à la

[55] Article 38 et ss de l'ordonnance – loi 86 – 033 du 5 avril 1986.
[56] Article 39 et ss de l'ordonnance – loi 86 – 033 du 5 avril 1986.

date d'acceptation du manuscrit, le versement à l'auteur d'une avance sur ce droit. L'éditeur est tenu de fournir à l'auteur toutes les justifications propres à établir l'exactitude de ses comptes.

L'auteur pourra exiger au moins une fois par an, sauf stipulation contraire, la production par l'éditeur d'un état mentionnant[57]:

1. le nombre d'exemplaires fabriqués en cours d'exercice ; avec indication de la date et de l'importance du tirage ;
2. le nombre d'exemplaires vendus ;
3. le nombre d'exemplaires en stock ;
4. le nombre d'exemplaires inutilisables ou détruits par cas fortuit ou force majeure ;
5. le montant des redevances dues et celui des redevances déjà versées à l'auteur.

L'éditeur ne peut céder à titre gratuit ou onéreux, sauf dans le cas de transfert de son fonds de commerce, le bénéfice du contrat d'édition à des tiers, sans avoir préalablement obtenu l'accord de l'auteur. Le contrat d'édition peut être résilié par l'éditeur lorsque l'auteur, sur une mise en demeure lui impartissant un délai de 6 mois, n'a pas mis l'éditeur en mesure de procéder à l'édition de l'œuvre.

L'auteur doit garantir à l'éditeur l'exercice paisible et, sauf convention contraire, exclusif du droit cédé. Il doit permettre à l'éditeur de remplir ses obligations et notamment lui remettre, dans le délai prévu au contrat, l'objet de l'édition ou une forme qui permette la fabrication normale. L'objet de l'édition fourni par l'auteur reste la propriété de celui-ci.

---

[57] Article 43 et ss de l'ordonnance – loi 86 – 033 du 5 avril 1986.

Le contrat d'édition peut être résilié par l'auteur indépendamment des cas prévus par le droit commun ou par les articles précédents :

a) lorsque, sur une mise en demeure lui impartissant un délai de 6 mois, l'éditeur n'a pas procédé à la mise à la disposition du public des exemplaires de l'œuvre ou, en cas d'épuisement de l'édition, n'a pas procédé à une réédition. L'édition est considérée comme épuisée si deux demandes de livraison d'exemplaires adressées à l'éditeur ne sont pas satisfaites dans les trois mois ;

b) lorsque l'aliénation du fonds de commerce est de nature à compromettre gravement les intérêts moraux ou matériels de l'auteur.

En cas de résiliation du contrat par suite de la non-exécution de ses clauses par l'éditeur, l'auteur conserve les avances qu'il aura reçues de l'éditeur, sans préjudice du droit à des dommages-intérêts.

Le contrat d'édition prend fin indépendamment des cas prévus par le droit commun ou par les articles précédents, lorsque l'éditeur procède à la destruction totale des exemplaires. En cas de décès de l'auteur alors que l'œuvre est inachevée, le contrat est résolu en ce qui concerne la partie non terminée de l'œuvre, sauf accord entre l'éditeur et les ayants droit de l'auteur.

Ne constitue pas un contrat d'édition au sens de l'article 38, le contrat dit à compte d'auteur, contrat par lequel l'auteur ou ses ayants droit versent à l'éditeur une rémunération convenue, à charge pour ce dernier de fabriquer en nombre, dans la forme et suivant les modes d'expression déterminés au contrat, des exemplaires de l'œuvre et d'en assurer la publication et la diffusion[58].

---

[58] Article 50 et ss de l'ordonnance – loi 86 – 033 du 5 avril 1986.

Ne constitue pas un contrat d'édition au sens de l'article 38, le contrat dit de compte à demi, contrat par lequel l'auteur ou ses ayants droit chargent un éditeur de fabriquer à ses frais et en nombre, des exemplaires de l'œuvre, dans la forme et suivant les modes d'expression déterminés au contrat, et d'en assurer la publication et la diffusion, moyennant l'engagement de partager les bénéfices et les pertes d'exploitation dans la proportion convenue.

Le contrat dit de compte à demi est celui par lequel l'auteur ou ses ayants droits charge un éditeur de fabriquer à ses frais et en nombre, des exemplaires de l'œuvre dans la forme et suivant les modes d'expression déterminés au contrat, et d'en assurer la publication et la diffusion, moyennant l'engagement de partager le bénéfice et les pertes d'exploitation dans la proportion convenue.

Par ailleurs, le contrat dit à compte d'auteur est celui par lequel l'auteur ou ses ayants droit verse à l'éditeur une rémunération convenue, à charge pour ce dernier de fabriquer en nombre, dans la forme et suivant les modes d'expression déterminés au contrat des exemplaires de l'œuvre et d'en assurer la publication ou la diffusion.

§3. Le contrat de représentation ou d'exécution publique

1. Nature juridique

Le contrat de représentation est celui par lequel l'auteur d'une œuvre de l'esprit ou ses ayants droit autorise un entrepreneur de spectacle à représenter ladite œuvre aux conditions qu'ils déterminent[59]. Le contrat représentation ou d'exécution publique est un contrat autonome,

[59] Article 52 et ss de l'ordonnance – loi 86 – 033 du 5 avril 1986.

caractéristique du droit d'auteur règlementé par les législations nationales.

Le contrat général de représentation est celui par lequel l'organisme national chargé de la protection et de la gestion des droits d'auteur, en ce qui concerne les œuvres composites visé à l'article 11, confère à un entrepreneur de spectacles le droit de représenter, pendant la durée du contrat, les œuvres actuelles ou futures constituant le répertoire dudit organisme, aux conditions déterminées par l'auteur ou ses ayants droit.

Ainsi donc, est considéré comme entrepreneur de spectacles au sens de la présente ordonnance - loi, toute personne physique ou morale qui, occasionnellement ou de façon permanente, représente ou fait représenter aux fins de leur réception par le public et par quelques moyens que ce soit, les œuvres de l'esprit.

2. Les caractères du contrat de représentation.

Le contrat de représentation est :

- consensuel et non formel : l'écrit n'est exigé qu'à titre de preuve ;
- synallagmatique ;
- à titre onéreux ;
- commutatif : les prestations des parties ont un caractère de certitude (l'autorité de l'auteur et l'obligation pour l'entrepreneur de spectacles de représenter ou d'exécuter l'œuvre et de verser une rémunération) ;
- *intuitu personae* ;
- limite à l'utilisation que l'auteur autorise expressément dans le lieu et délai convenus ;
- non exclusif.

3. Les droits et obligations des parties

L'entrepreneur est tenu de se présenter à toute réquisition de l'autorité compétente, à l'autorisation préalable de l'auteur de ses ayants droits ou de l'organisation nationale chargée de la protection et de la gestion des droits d'auteur correspondants[60].

Le contrat de représentation est conclu pour une durée limitée ou pour un nombre déterminé de représentation, au public. Sauf stipulation expresses de droit exclusif, il ne confère aucun monopole d'exploitation.

La validité des droits exclusifs accordés par un auteur dramatique dans le cadre d'un contrat de représentation ne peut excéder trois ans ; l'interruption des représentations pendant une année y met fin de plein droit, sauf convention contraire.

L'entrepreneur de spectacle ne peut transférer les bénéfices de son contrat sans assentiment formel et écrit de l'auteur, de ses ayants droit ou de son représentant. Il est tenu de :

- Déclarer à l'auteur, à ses ayants droit ou à l'organisme national chargé de la protection et de la gestion des droits d'auteur, le programme exact des représentations ;
- Leur fournir un état accompagné de documents justificatifs de ses recettes ;
- Leur verser aux échéances prévues le montant des redevances dues ;
- Assurer la représentation dans des conditions techniques propres à garantir les droits intellectuels de l'auteur.

[60] Article 54 et ss de l'ordonnance – loi 86 – 033 du 5 avril 1986.

4. La cessation du contrat de représentation

L'auteur peut résilier le contrat de représentation dans les cas ci-après :

- Si après y avoir été invité par l'auteur, l'entrepreneur de spectacle n'a pas versé la rémunération ;
- Si après y exact de communication s'il n'a pas fourni les renseignements nécessaires en cas de nomination proportionnelle aux représentations de l'œuvre ;
- Si l'œuvre cesse d'être représentée aux exécutions pour une cause imputable à l'entrepreneur de spectacle ;
- Si l'organisateur de spectacles qui avait acquis les droits exclusifs interrompt après les avoir commencées, les représentations publiques pendant une longue période ;
- Lorsque le contrat caduque faute de public ou encore lorsqu'il arrive à son terme.

§4. Le contrat de réalisation cinématographique

1. Notion

Le contrat de réalisation cinématographique est la convention par laquelle les auteurs des œuvres utilisées par cette réalisation cèdent au producteur, à des conditions déterminées, le droit d'exploitation de l'œuvre cinématographique, sans préjudice des droits que la loi reconnait aux auteurs des œuvres utilisées[61].

Le contrat de réalisation cinématographique doit déterminer la forme et les modes d'expression, les modalités d'exécution, les clauses de réalisations et le montant de la rémunération des autres des œuvres utilisées.

---

[61] Article 58 et ss de l'ordonnance – loi 86 – 033 du 5 avril 1986.

2. Les droits et obligations des parties

Les auteurs doivent garantir au producteur l'exercice paisible et exclusif des droits. Ils doivent permettre à ce dernier de remplir ses obligations et notamment lui remettre dans le délai prévu au contrat, l'objet de la reproduction en une forme qui rende la réalisation possible.

Si l'un des auteurs de l'œuvre cinématographique refuse d'achever sa contribution à cette œuvre ou se trouve dans l'impossibilité d'achever, par suite des cas de force majeure, ils ne pourront s'opposer à l'utilisation en vue de l'achèvement de l'œuvre, de la partie de cette contribution déjà réalisée[62].

Sauf stipulation contraire, les auteurs d'une œuvre cinématographique peuvent peser de leur contribution personnelle en vue de son exploitation dans un genre différent, à condition de ne pas porter préjudice à l'exploitation de l'œuvre à laquelle ils sont collaboré.

3. La cessation du contrat de réalisation cinématographique

L'auteur ou les auteurs des œuvres cédées peuvent résilier le contrat si la réalisation cinématographique n'est pas effectuées dans le délai prévu au contrat à compter du jour où l'auteur ou les auteur se sont acquittés de leur obligation[63]. En cas de résiliation du contrat suite de la non-exécution de cette clause par le producteur, les auteurs conservent les avances reçues de lui sans préjudice du droit à des dommages.

Le producteur de l'œuvre cinématographique physique peut résilier le contrat lorsque les auteurs ne l'ont pas mis

---

[62] Article 61 et ss de l'ordonnance – loi 86 – 033 du 5 avril 1986.

[63] Article 63 et ss de l'ordonnance – loi 86 – 033 du 5 avril 1986.

en demeure de procéder à la réalisation cinématographique, sur mise en demeure leur impartissant un délai d'un an.

Le producteur s'entend de toute personne physique ou morale qui prend l'initiative de la réalisation et la responsabilité financière de l'exploitation de l'œuvre. Le réalisateur est la personne qui assure la direction et la responsabilité artistique de la transformation en images et sons du découpage de l'œuvre ainsi que de son montage final.

§5. Les dispositions relatives à la location, au prêt et à la reproduction à usage personnel et privé

Le droit de location et de prêt au public d'exemplaires d'œuvres sonores, graphiques et audiovisuelles ne peut être exercé que par les titulaires des droits d'auteur desdites œuvres, à moins qu'ils aient cédé régulièrement ces droits[64].

Quiconque produit ou introduit en RDC des appareils aptes à réaliser des productions et des supports destinés aux enregistrements sonores et visuels est tenu de verser une redevance à l'organisme national chargé de la gestion et de la protection des droits d'auteurs «SOCODA». Le montant est calculé proportionnellement aux recettes provenant de la vente au détail.

§6. Les dispositions particulières aux œuvres photographiques

Sauf preuve contraire, est considéré comme photographe celui dont le nom, la firme ou le sigle sont indiqués, selon les coutumes, sur les exemplaires de

---

[64] Article 67 et ss de l'ordonnance – loi 86 – 033 du 5 avril 1986.

l'image ou lorsque l'image est communiquée ou représentée publiquement[65].

L'auteur jouit, dans les limites prévues par la présente ordonnance-loi, du droit exclusif de la reproduire par imprimerie, sous forme graphique ou par tout autre procédé, ainsi que de la communiquer et représenter publiquement. Le nom du photographe doit être indiqué dans la mesure et de la manière conforme aux usages, sur tout exemplaire reproduisant l'image photographique et chaque fois que celle-ci est communiquée ou représentée publiquement.

L'image ne doit subir aucune modification qui porte atteinte à la réputation professionnelle du photographe. Nul ne peut la communiquer ou la présenter publiquement sous une forme ou dans des circonstances qui lèsent le photographe.

Lorsque le photographe a cédé un ou plusieurs exemplaires d'une image photographique ou que l'image a été éditée, les exemplaires cédés ou provenant de l'édition peuvent être présentés publiquement. Est licite, dans les comptes rendus d'un événement d'actualité écrits, filmés ou télévisés, l'insertion d'images photographiques communiquées ou présentées au cours de l'événement.

Section 5. La durée de la protection des droits d'auteur

§1. La durée de protection des droits moraux

L'article 22 de l'ordonnance – loi sous examen dispose que les droits moraux attachés à la personne même de l'auteur sont perpétuels, imprescriptibles et inaliénables. Ils ne peuvent être exercés par les héritiers et autres ayants cause que dans le but de protéger la mémoire de l'auteur.

---

[65] Article 69 et ss de l'ordonnance – loi 86 – 033 du 5 avril 1986.

§2. La durée de protection des droits patrimoniaux

La durée de protection des droits patrimoniaux sur les œuvres littéraires, artistiques et scientifiques s'étend à la vie de l'auteur et cinquante années civiles posthume, cette protection est de 50 années à compter du 1er janvier de l'année civile qui suit celle où l'œuvre est publiée, représentée ou exécutée pour la première fois. Si le droit est transmis au conjoint survivant, la protection dure toute la vie de celui-ci.

La durée de la protection des œuvres anonymes ou pseudonymes est de cinquante années à compter du premier janvier de l'année civile qui suit celle de la publication. Toutefois, quand le pseudonyme adopté par l'auteur ne laisse aucun doute sur son identité ou lorsque l'auteur de l'œuvre anonyme se fait connaître, la durée de la protection est celle prévue à l'article précédent.

En ce qui concerne les œuvres photographiques, la durée de protection est de 25 années à compter de la publication. Il faut noter que la durée de la protection d'une œuvre de collaboration s'étend à la vie de chacun des collaborateurs et 50 années qui suivent le décès du dernier survivant tandis que pour une œuvre collective, la vie de la personne physique ou morale titulaire des droits sur cette œuvre sert de base de calcul. Si un collaborateur décède sans laisser de testament ni d'héritiers.

La protection d'une œuvre collective dure la vie entière de la personne physique ou morale, titulaire des droits d'auteur sur cette œuvre et cinquante années civiles qui suivent l'année de son décès ou de sa dissolution.

A l'expiration de la période de protection du droit d'exploitation, les œuvres artistiques, littéraires et scientifiques tombent dans le domaine public et dès lors, ce droit est géré par l'organisation nationale chargée de la gestion et de a protection des droits d'auteur.

L'autorisation d'exploitation des œuvres du domaine public est subordonnée :

- au respect des droits moraux ;
- à une déclaration préalable ;
- au paiement d'une redevance dont le montant sera consacré à des fins culturelles et sociales au bénéfice des auteurs.

Le montant de la redevance sera égal à la moitié de celui habituellement appliqué pour les œuvres de même catégorie du domaine privé.

§3. Les bénéficiaires des droits après la mort de l'auteur

Après la mort de l'auteur, le droit d'exploitation, le droit à la reconnaissance de la paternité intellectuelle, le droit au respect de l'intégrité de l'œuvre ainsi que le droit de divulguer les œuvres posthumes sont exercés par les héritiers du créateur tant que l'œuvre se trouve dans le domaine privé.

En revanche, le droit de modifier l'œuvre, le droit de la retirer de la circulation et de la détruire sont exclusivement dévolues à l'auteur, à moins que celui-ci n'ait manifesté sa volonté d'exercer le droit de repentir ou de retrait d'une manière qui ne laisse subsister aucun doute à cet égard et qu'il ne soit décédé sans pouvoir intenter d'action.

Dans ce cas, il convient d'envisager la possibilité que les héritiers puissent suppléer l'auteur dans l'exercice de ses prérogatives. Après la mort de l'auteur, la titularité du droit patrimonial est intégralement dévolue à ses successeurs pour la période de protection établie par la loi.

Section 6. Les droits voisins en RDC

§1. Les dispositions générales

Les droits voisins comprennent les prérogatives que la loi reconnaît aux artistes interprètes ou exécutants, aux producteurs de phonogrammes, et tout autre support sonore et audiovisuel et aux organismes de radiodiffusion, d'autoriser ou d'interdire la diffusion de leurs prestations et de percevoir une rémunération lors de chaque exécution publique, sans préjudice des droits exclusifs de l'auteur de l'œuvre[66].

Aux termes de la présente ordonnance-loi, on entend par :

a) «artistes interprètes ou exécutants», les acteurs, chanteurs, musiciens, danseurs et autres personnes qui représentent, chantent, récitent, déclament, jouent ou exécutent sous quelque forme que ce soit les œuvres littéraires ou artistiques ;

b) «phonogramme», toute fixation exclusivement sonore ;

c) «publication», la mise à la disposition du public des exemplaires d'un phonogramme ;

d) «producteur de phonogramme», personne physique ou morale qui, la première, fixe les sons ;

e) «vidéogramme», fixation de sons et d'images ;

f) «producteur de vidéogramme», personne physique ou morale qui, la première, fixe les sons ou les images ;

g) «radiodiffusion», la diffusion de sons ou d'images et de sons par le moyen des ondes radioélectriques, aux fins de réception par le public ;

h) «reproduction», la réalisation d'un ou de plusieurs exemplaires d'une fixation ou d'une partie substantielle de cette fixation ;

---

[66] Article 83 et ss de l'ordonnance – loi 86 – 033 du 5 avril 1986.

i) «réémission», l'émission simultanée par un organisme de radiodiffusion d'une émission d'un autre organisme de radiodiffusion ;

j) «fixation», l'incorporation de sons ou d'images ou de sons et d'images dans un support matériel suffisamment permanent ou stable pour permettre leur perception, reproduction ou communication.

§2. Les artistes interprètes ou exécutants

Nul ne peut, sans l'autorisation des artistes interprètes ou exécutants, accomplir l'un quelconque des actes suivants[67]:

a) radiodiffusion et communication au public de leur interprétation ou exécution qui n'ont pas encore été fixées ou radiodiffusées ;

b) incorporation dans une fixation de sons ou d'images et de sons et d'images de leurs prestations non encore fixées ;

c) reproduction d'une fixation de leur interprétation ou exécution faite à des fins contraires à celles pour lesquelles l'autorisation de fixation a été donnée.

Quiconque utilise une fixation ou une reproduction de celle-ci pour la diffuser par le moyen de la radiodiffusion ou par toute autre forme de communication au public est tenu de verser aux artistes interprètes ou exécutants une rémunération dont le montant et le mode de perception seront fixés par convention entre les usagers et l'organisme chargé de la protection et de la gestion des droits d'auteurs.

[67] Article 85 et ss de l'ordonnance – loi 86 – 033 du 5 avril 1986.

§3. Les organismes de radiodiffusion

Les émissions de radiodiffusion et télévisuelles sont des activités artistiques protégées par la loi. Les organismes de radiodiffusion jouissent du droit d'autoriser ou d'interdire la fixation de leurs émissions, la réémission de leurs émissions ainsi que leur reproduction[68].

La retransmission à l'usage public dans un but lucratif des émissions radiophoniques et télévisuelles, dans les lieux librement accessibles au public, confère à l'organisme émetteur le droit à une redevance fixée par l'autorité compétente.

Les organismes de radiodiffusion peuvent, sans l'autorisation des interprètes ou exécutants, effectuer des fixations d'une interprétation ou d'une exécution faite par un artiste, dans le but exclusif de les utiliser pour des émissions didactiques ou culturelles dont le nombre est déterminé au préalable.

§4. Les producteurs des phonogrammes et des vidéogrammes

Les producteurs des phonogrammes et des vidéogrammes jouissent du droit d'autoriser ou d'interdire[69] :

a) la reproduction directe ou indirecte de leurs phonogrammes ou vidéogrammes, ou de copies de ceux-ci ;

b) l'exportation ou l'importation de leurs phonogrammes ou vidéogrammes, ou de copies de ceux-ci en vue de les vendre ou les distribuer au public.

À titre de preuve matérielle des atteintes aux droits reconnus en vertu de la loi, tous les exemplaires des

---

[68] Article 87 et ss de l'ordonnance – loi 86 – 033 du 5 avril 1986.

[69] Article 90 et ss de l'ordonnance – loi 86 – 033 du 5 avril 1986.

phonogrammes ou vidéogrammes, produits sur le territoire de la RDC porteront le numéro d'enregistrement attribué par le service de dépôt légal.

L'utilisation pour la radiodiffusion ou la communication au public d'un phonogramme ou de vidéogramme publié à des fins lucratives, ou d'une reproduction dudit phonogramme ou vidéogramme, donne lieu au paiement par l'usager d'une redevance au producteur du phonogramme, ou de vidéogramme et aux artistes interprètes ou exécutants.

Les redevances perçues sur l'usage des phonogrammes et vidéogrammes ou des copies de phonogrammes et des vidéogrammes des producteurs étrangers sont remises à l'organisme chargé de la gestion et de la protection des droits d'auteur et servent à la promotion des activités culturelles et artistiques de la RDC.

Les redevances perçues sur l'usage d'un phonogramme ou d'un vidéogramme ou copie de phonogramme ou de vidéogramme d'un producteur zaïrois seront partagées en raison de 60 % pour les artistes interprètes ou exécutants et 40 % pour le producteur, sauf convention contraire.

La protection accordée aux phonogrammes et vidéogrammes ou aux copies de ceux-ci est de vingt ans à compter du 1er janvier qui suit la fin de l'année civile au cours de laquelle le phonogramme ou le vidéogramme ou les copies de ceux-ci ont été réalisés.

Section 7. La protection des droits d'auteur

§1. La protection judiciaire des droits d'auteur

1. Les infractions visées par la protection

A. La contrefaçon en matière des droits d'auteur

La contrefaçon apparait sans conteste comme l'atteinte la plus manifeste que puisse subir une œuvre de l'esprit. Le législateur congolais ne la définit pas, mais se contente de dire simplement que toute atteinte méchante ou frauduleuse en connaissance de cause aux droits d'auteur, constitue l'infraction de contrefaçon[70].

D'après Gérard CORNU[71], en matière de propriété intellectuelle, la contrefaçon signifie toute atteinte portée à un droit de propriété littéraire, artistique, industrielle (reproduction, initiation, vente ou mise en vente,…) d'une part et de l'autre, toute reproduction identique de l'objet protégé.

Notons que la contrefaçon prend diverses formes suivant la nature des œuvres sur lesquelles elle porte. L'on a notamment : le plagiat, la photographie, la représentation sans autorisation de l'auteur, etc.

De ce qui précède, l'infraction de contrefaçon suppose :

- Un acte matériel de contrefaçon consistant en une atteinte contre une œuvre protégée ;
- Une œuvre protégée, objet de la contrefaçon qui n'est rien d'autre que les droits d'auteur (article 96) sur une œuvre de l'esprit protégé (article 4, al. 1er) ou sur le titre d'une œuvre de l'esprit ;
- L'intention coupable qui veut que l'agent ait agi en parfaite connaissance de cause ou mieux avec méchanceté ou fraude.

B. Les infractions assimilées à la contrefaçon

L'article 98 de l'ordonnance – loi[72] sous examen dispose que « sont assimilées à la contrefaçon et punies des peines prévues à l'article 97 (servitude pénale d'un mois à un an et une amende de 5.000 à 10.000 Zaïres ou une de ces peines seulement), la vente, l'exposition, la

---

[70] Article 96 et ss de l'ordonnance – loi 86 – 033 du 5 avril 1986.
[71] GERARD CORNU, *Vocabulaire juridique*, PUF, Paris, 2010, p.234
[72] Article 98 et ss de l'ordonnance – loi 86 – 033 du 5 avril 1986.

location, la détention, l'importation et l'exportation des ouvrages ou objet lorsque ces actes auront été posés en connaissance de cause et dans un but commercial.

Les actes ci-avant analysés sont constitutifs d'atteinte à des intérêts légalement protégés et sont susceptibles de donner lieu soit à une action pénale, soit à une action civile soit aux deux à la fois.

2. Les actions fondées sur l'infraction de contrefaçon

A. L'action pénale

La contrefaçon et les infractions y assimilées ne peuvent être poursuivies que sur la plainte de la personne qui se prétend lésée (article 102). La contrefaçon est punie d'une servitude pénale d'un mois à un an et d'une amende de 5.000 à 10.000 Zaïres ou d'une de ces peines seulement.

Et les recettes pourront être confisquées comme objet provenant d' l'infraction et attribuées au réclamant qui se sera constitué partie civile.

B. L'action civile

L'action civile trouve se base et ses principes directement dans les articles 258 et suivants du code civil livre III. En effet, tout fait quelconque de l'homme qui cause préjudice à autrui oblige son auteur à le réparer. Le demandeur à l'action peut être soit l'auteur (ou le collaborateur en cas d'une œuvre de collaboration), soit ses héritiers ou ayants cause, soit une société fondées en vue de la protection des droits d'auteur.

Les réparations morales peuvent comprendre la suppression et la destruction des objets contrefait, tandis que les réparations pécuniaires comprendront l'indemnisation de toutes les dépenses causés par la contrefaçon, en ce compris les honoraires des avocats auxquels l'auteur a dû avoir recours.

§2. La protection extra-judiciaire des droits d'auteur

La protection extrajudiciaire des droits d'auteur est assurée par l'organisme chargé de la gestion et de l'administration de ces droits. Il convient aussi de signaler quelques associations corporatistes.

1. La Société Congolaise des droits d'Auteur (SOCODA)

La création de la SOCODA est autorisée par l'ordonnance n°11/022 du 18 mars 2011 portant autorisation d'une société coopérative dénommée Société congolaise des droits d'auteurs, en sigle SOCODA.

En effet, avec l'avènement de technologies de l'information et de la communication, il était difficile pour les créateurs des œuvres de l'esprit de contrôler leurs œuvres afin d'en empêcher notamment les reproductions non autorisées.

Ces technologies ont entrainé comme conséquence le fait que les œuvres sont devenues susceptibles d'être simultanément exécutées, diffusées transmises au public, copiées, photocopiées, etc. D'où la nécessité de mettre en place les mécanismes de protection adéquats.

2. L'Union des musiciens congolais (UMUCO)

L'Union des musiciens congolais est une association sans but lucratif créée entre artistes musiciens congolais à l'issue d'une Assemblée générale tenue à Kinshasa du 21 au 24 juillet 1986.

Elle a pour but la protection, la diffusion et la promotion de la musique congolaise sous toutes ses formes, ainsi que l'encadrement des artistes musiciens pour une meilleure harmonie de leurs activités et la protection de leurs intérêts professionnels.

3. L'Union des écrivains congolais

Cette association poursuit les mêmes objectifs que l'UMUCO à la seule différence qu'elle regroupe les auteurs des œuvres littéraires.

4. L'Association des musiciens chrétiens du Congo (AMCC)

Poursuivant les mêmes objectifs que les deux associations professionnelles évoquées aux paragraphes 2 et 3 l'association des musiciens chrétiens du Congo a pour mission principale de propager les saintes écritures à travers la musique.

Section 8. Les lacunes contenues dans l'ordonnance-loi n° 86-033 du 5 avril 1986 portant protection des droits d'auteur et droits voisins

Avant de souligner ses lacunes, on peut se réjouir du fait que sous la notion de droits voisins, la loi congolaise ne concerne pas uniquement les 3 catégories de bénéficiaires conformément à la convention de Rome de 1961 (artistes interprètes, producteurs de phonogrammes et organismes de radiodiffusion), mais aussi les producteurs de vidéogrammes.

Ce qui est encore à féliciter, c'est que la loi congolaise protège également le folklore et les œuvres inspirées du folklore.

Par rapport aux lacunes, on peut souligner ce qui suit :

1. Alors que l'ordonnance-loi n° 86-033 concerne, dans un même instrument, les droits d'auteur et les droits

voisins, la sanction des droits prévue par cette ordonnance-loi ne concerne exclusivement que les violations aux droits d'auteur sans se préoccuper des droits voisins liés à l'interprétation et reproduction.

Il faudrait donc que les juges congolais fassent œuvre de "législateur" devant un cas concret de violation des droits des artistes interprètes, des producteurs de phonogrammes et des organismes de radiodiffusion.

Cependant, comme la jurisprudence ne peut pas remplacer la loi, seule la nouvelle loi devra tenir compte de cette lacune et la compléter dans son cadre normatif.

2. Par rapport au droit d'auteur, l'ordonnance – loi 86 – 033 du 5 avril 1986 portant protection des droits d'auteurs et droits voisins ne contient pas les principes du commerce international, ni de dispositions relatives à la protection des programmes d'ordinateurs et de bases de données. Une loi congolaise moderne, adaptée aux nouvelles technologies dans le domaine de l'information et de la communication, s'avère indispensable pour tenir compte de nouveaux besoins de protection.
3. Par ailleurs, la durée de protection accordée aux phonogrammes et vidéogrammes est de 20 ans contrairement à l'article 14 al. 5 de l'accord sur les ADPIC (50 ans). Par ailleurs, les moyens mentionnés dans l'accord sur les ADPIC pour renforcer la protection des droits de la propriété industrielle (articles 41-61) ou pour publier les décisions judiciaires ne sont pas tous reproduits dans la loi congolaise.
4. Dans la loi congolaise, les mesures prescrites pour protéger les auteurs sont seulement de deux sortes : les sanctions pénales (article 96-103) et les mesures civiles (article 104-110). Il n'existe pas de mesures administratives ni des mesures spéciales à la frontière.

L'ordonnance – loi 86 – 033 du 5 avril 1986 portant protection des droits d'auteurs et droits voisins autorise encore la remise d'objets contrefaits à l'auteur de l'œuvre originale (article 110) alors que l'accord sur les ADPIC prévoit la destruction de ces objets.

On relève encore qu'il n'y a pas d'automaticité de publication des décisions judiciaires dans cette loi car cette publication se fait seulement à la demande de la partie lésée (l'auteur) contrairement à la loi organique n°18-020 du 09 juillet 2018 relative à la liberté de prix et à la concurrence.

5. Il convient aussi de souligner dans la loi congolaise un problème de terminologie. Elle emploie le terme "contrefaçon" pour les violations du droit d'auteur alors que le terme approprié est la piraterie (la contrefaçon est plutôt employée pour les violations des droits de propriété industrielle, comme les brevets d'invention).

Section 9. La société congolaise des droits d'auteur et la protection des œuvres d'esprit en rdc

§1. La création et l'objet de la SOCODA

La société congolaise des droits d'auteurs et des droits voisins, seul organisme chargé de la perception et de la répartition des droits d'auteurs en RDC est une société coopérative constituée de tous les créateurs des œuvres de l'esprit protégée par la loi. Sa création est autorisée par l'Ordonnance n°11/022 du 18 mars 2011 portant autorisation d'une société coopérative dénommée Société Congolaise des Droits d'Auteurs, en sigle SOCODA[73].

[73] Ordonnance n°11/022 du 18 mars 2011 portant autorisation d'une société coopérative dénommée Société congolaise des droits d'auteurs et des droits voisins

Elle a pour objet l'exercice et l'administration, dans tous pays, et tous les droits d'auteurs pour ses associés, ses mandants et des sociétés similaires relatifs à l'exécution publique, la représentation publique, ou la reproduction mécanique, et notamment la perception et la répartition des redevances provenant de l'exercice desdits droits[74].

D'une façon générale, la société a pour objet la défense des intérêts matériels et moraux de ses membres ou de leurs ayants-droit en vue et dans la limite de l'objet social, ainsi que la détermination de règles de morale professionnelle en rapport avec l'activité de ses membres.

Sa gestion collective, au sens large du terme, s'exerce sur le territoire de la RDC ainsi que les territoires relevant du champ d'application des accords de réciprocité conclues avec des sociétés sœurs.

En vertu de l'article 111 de l'ordonnance – loi n°86 – 033 du 5 avril 1986 portant protection des droits d'auteur et des droits voisins, elle est l'organisme national seul admis à fonctionner sur le territoire de la RDC en matière de gestion des droits d'auteur et des droits voisins.

La SOCODA accomplit tous actes qui peuvent favoriser directement ou indirectement ses intérêts, ceux de ses affiliés, des mandants et des sociétés correspondantes par :

- La perception des droits auprès des usagers des œuvres de l'esprit protégées par la loi ;
- La répartition de tous droits d'auteur et de tous droits connexes aux créateurs de ces œuvres.

La SOCODA est constituée pour une durée indéterminée ne dépassant pas trente ans. Elle pourra être dissoute anticipativement ou être prorogée successivement pour un nouveau terme n'excédant pas trente ans. La

---

[74] Article 3 de statuts harmonisés de la SOCODA du 15 juillet 2015.

prorogation est décidée une année avant la date d'expiration de la société, sur décision de l'Assemblée générale, siégeant dans les conditions de modification des statuts. La prorogation n'entraine pas la création d'une personne juridique nouvelle.

La SOCODA compte à son sein 31 coopérateurs. Pour adhérer comme coopérateur, il faudra satisfaire aux conditions suivantes [75]:

a. Être soit auteur, soit éditeur personne physique, soit ayant-droit intellectuel personne morale répondant aux critères fixés par le règlement général, soit être éditeur personne morale, soit être héritier, ayant-droit ou concessionnaire d'un ayant droit intellectuel ;
b. Verser un droit d'adhésion non remboursable ;
c. Satisfaire aux conditions prévues par le règlement général ;
d. Être admis par le conseil d'administration qui statue dans les 30 jours, au-delà desquels la candidature est présumée acceptée ;
e. Obtenir la ratification de la plus prochaine assemblée générale ;
f. Avoir souscrit une part sociale, dont 1/4 doit avoir été libéré 60 jours au moins avant l'assemblée générale ;
g. Céder à la SOCODA par contrat d'affiliation et de cession fiduciaire les droits d'auteur dont la gestion collective lui est confiée conformément aux dispositions des présents statuts.

Le conseil d'administration accepte ou refuse la demande d'admission des postulants, conformément aux conditions d'admission objectives et non discriminatoires fixées dans les statuts et le règlement général. La décision

---

[75] Article 17 de statuts harmonisés à l'OHADA de la SOCODA du 15 juillet 2015.

motivée d'accepter ou de refuser une demande d'admission est communiquée par écrit à l'intéressé.

Les droits d'auteur à céder par les coopérateurs portent sur les œuvres suivantes[76] :

1. des œuvres musicales avec ou sans texte ;
2. des œuvres dramatiques et dramatico – musicales ;
3. des œuvres chorégraphiques ;
4. des œuvres audiovisuelles ;
5. des œuvres radiophoniques ;
6. des œuvres du domaine des arts visuels ;
7. des œuvres photographiques et graphiques ;
8. des œuvres littéraires.

§2. Les catégories des membres de la SOCODA

La SOCODA a deux catégories de membre : les membres associés et les membres adhérents[77].

Est associé : tout membre ayant réalisé un certain nombre d'œuvres :

- Auteur-compositeur : 20 œuvres enregistrées sur disques ;
- Éditeur : 40 œuvres éditées sur disques autres que les siennes.

Est adhérent : tout membre qui ne remplit pas les conditions d'avoir la qualité d'associé. Le membre associé a seul le droit de prendre part à l'assemblée générale et de se faire élire administrateur de la société.

---

[76] Article 21 de statuts harmonisés à l'OHADA de la SOCODA du 15 juillet 2015.

[77] Article 12 de statuts harmonisés à l'OHADA de la SOCODA du 15 juillet 2015.

Après avoir rempli les formalités pour devenir membre de SOCODA et après avoir déclaré ses œuvres, il faut les rendre accessibles au public. Très souvent l'auteur fait appel à un éditeur avec qui il signe un contrat de cession. Par ce contrat signé entre ces deux parties et validé par la SOCODA, ce dernier cède à l'éditeur, dans des conditions matérielles clairement définies, le droit de fabriquer ou de faire fabriquer des exemplaires de l'œuvre et d'en assurer la publication ou la diffusion.

Il y a lieu de noter que l'auteur doit rester vigilant et de s'assurer que l'éditeur a respecté le délai de 6 mois pour publier son œuvre. C'est donc à partir de ce moment que l'œuvre doit normalement être exploitée sur un support et produire des droits au profit de l'auteur.

La réalité est que les œuvres musicales ne connaissent pas des frontières et que l'artiste musicien mérite d'être protégé partout où ses œuvres soient exploitées. La SOCODA est membre de la CISAC depuis 1972 et participe d'une manière régulière au congrès mondial qui se tient tous les deux ans ainsi qu'à la réunion annuelle des dirigeants africains des sociétés d'auteurs.

La protection des œuvres littéraires et artistiques s'étend sur toute la vie de l'auteur et 50 ans après sa mort au profit des héritiers[78]. Mais il y a des différences en ce qui concerne les œuvres de collaboration, collectives, posthumes et anonymes.

A l'expiration de tous ces délais, les œuvres dont les auteurs sont décédés et âpres la jouissance des droits par les héritiers, le législateur a prévu de rendre l'œuvre à la collectivité, elle tombe ainsi dans le domaine public, son exploitation est administrée par la SOCODA qui veillera strictement au respect de droit moral.

---

[78] Article 50 de l'ordonnance – loi n°86-033 du 5 avril 1986 portant protection des droits d'auteur et des droits voisins

§3. Les particularités de la SOCODA en matière musicale

En matière musicale, la SOCODA intervient dans les domaines ci-après :

- Le commerce de gros et de détail de tous articles servant des supports de musique (CD, DVD, VCD, Disque dur, carte mémoire...) ;
- Le commerce spécifique des radiocassettes et matériels audiovisuels ;
- L'exploitation ou distribution des appareils aptes à réaliser la projection ou des enregistrements sonores et visuels (magnétoscope, radiocassette, magnétophone, décodeur disc ou téléphone, antenne parabolique…) ;
- Les dancing bar, dancing club, restaurant, casino, nganda, buvettes, bars, terrasses, night-club ou boite de nuit … ;
- Les sociétés de communication, les stations de radiodiffusion et les chaines de télévision ;
- Les fournisseurs de connexion internet, la télédistribution (canalsat, canal plus, Télésat, startimes) ou exposition d'un écran placé sur un lieu public ainsi que la télévision par câble ;
- Les groupes, les orchestres, les sociétés de musique ;
- L'usine de reproduction des supports phonographiques et vidéographiques, bureautique, cybercafé.

La société se réserve le droit de prélever 30% sur les perceptions faites au nom de ses membres auprès des usagers et les 70% restants reviennent aux ayants-droits. Ce prélèvement sera affecté de la manière suivante :

- 25% pour le fonctionnement de la société ;
- 5% pour la constitution d'une caisse d'entraide et de secours en faveur des créateurs ou ayants droits.

Participent également à la protection du droit d'auteur, les organismes suivants :

- Le ministère de la culture et des arts ;
- La direction générale des douanes et assises ;
- L'office congolais de contrôle ;
- La police nationale congolaise.

§4. Quelques réalisations de la SOCODA

La première expérience de la RDC contre le piratage des œuvres de l'esprit va commencer par l'artiste musicien Papa Wemba dont le nouvel Album *« Maitre d'école »* sera sur support USB et non sur CD ou cassette. Créé à l'initiative de la maison Avalon Image, ce support USB est sous la protection de la SOCODA, en tant que propriété intellectuelle, et protégé par le ministère de l'industrie.

Il a été soumis d'abord aux informaticiens de renom pour un test de performance. L'album de Papa Wemba a été alors largué sur le marché du disque, et n'a pas été divulgué en CD, ni cassette, mais en support USB. D'après le concepteur de l'USB, il sera alors difficile d'en pirater les contenus[79].

Avec l'innovation de la maison Avalon Image, plus d'une personne sont convaincues que la lutte contre le piratage des œuvres d'esprit dont celles musicales, qui a atteint des proportions inquiétantes en RDC, aura effectivement un résultat positif. Ce qui contribuera à l'amélioration du train de vie des artistes musiciens congolais.

En ce qui concerne la perception des droits reconnus aux artistes musiciens, nous pouvons citer quelques cas ci-après :

[79] KWAMI M., *Lutte contre la piraterie – La RDC tente sa première expérience avec un support USB*, disponible sur www.africanouvelles.com, consulté le 18 juillet 2020.

- En 2006, la SOCODA avait décidé que tout album, cassette, CD en circulation en RDC devrait porter un timbre de cette société.
- Le 23 avril 2011, lors de l'assemblée générale de la SOCODA tenue à Kinshasa qui a promu Verkys KIAMWANGANA comme nouveau PCA, la SOCODA a poursuivi également au processus de ratification de la convention de Rome sur les droits voisins, telle était une demande au ministère de la culture et des arts, acceptée et appuyée par les artistes.
- Le 21 février 2014, 138 artistes, dont les musiciens, ont perçu leur droit et la ration prévue pour les fêtes de fin d'années.
- Le 28 juin 2016 à Kinshasa, 230 artistes des différents domaines ont perçu leurs droits d'auteurs à la SOCODA. Et la SOCODA a signalé que pour avoir droit, il faut être créateur des œuvres de l'esprit et membres de la SOCODA, il faut aussi que ces œuvres-là génèrent des recettes, et de ces recettes, la SOCODA retire 30% pour son fonctionnement et les 70% sont redistribués à l'artiste[80].

Un protocole d'accord a été signé entre la SOCODA et la société belge des auteurs compositeurs et éditeurs (SABAM) qui a fait suite de sa correspondance du 23 octobre 2013 au contrat de collaboration signé le 9 octobre 2013 à Kinshasa par les responsables de 2 sociétés, en présence du ministère de la culture et des arts, le feu Baudouin BANZA MUKALAYI.

Avec l'aide de la SABAM, ce partenariat va désormais permettre à la SOCODA de percevoir des droits d'auteurs pour les utilisations des répertoires de ses membres à l'étranger à travers 46 pays du monde.

[80] www.radiookapi.net/mot-cle/SOCODA, consulté le 17 juillet 2020.

La SABAM s'est engagée à percevoir avec les sociétés sœurs dans les pays d'Europe, d'Afrique, et d'Amérique du sud pour percevoir les droits des artistes et créateurs congolais et transmettre ensuite le montant à la SOCODA.

D'où la nécessité pour un artiste de se joindre à la SOCODA, lui faire confiance, lui confier la gestion et les répertoires et poser des actes administratifs qui s'imposent pour permettre à la société congolaise de gérer leurs répertoires en vue de bien collecter les droits et les repartir aux ayants droits. C'est ainsi que la SABAM a donné en 2013 plus de 10.000 euros bloqués durant les années antérieures faute de société correspondante[81].

Dans les réalisations entreprises au sein de la SOCODA, le ministre honoraire BANZA avait initié une campagne d'identification de tous les artistes musiciens. En province, l'identification se fait au près des représentations provinciales de la culture et des arts.

Juste après identification, l'artiste reçoit une carte biométrique qui lui reconnaît cette qualité au pays et lui donne droit de bénéficier des avantages éventuels dont les ordres de mission pour la sortie à l'extérieur et les autorisations lorsqu'il faut organiser des manifestations culturelles.

Cette opération visait à mettre fin au désordre qui était entretenu dans ce secteur, particulièrement en ce qui concerne les ordres de missions sollicités par les artistes pour représenter la RDC aux manifestations culturelles à l'étranger.

En ce qui concerne la lutte contre la piraterie, la SOCODA n'a pris que des mesures pour lutter contre ce fléau, c'est le cas de la province du Kongo central, où le

---

[81] www.lepotentiel.com/index.phpoption=com-content&view=article&id=3796:lasocoda-recoit-des-fonds-de-la-sabam-pour-payer-les-droits-des-artistes-et-createurs-de-la-RDC&=90:Online Consulté le 17 juillet 2020.

chef de division de la SOCODA, François MAMPALA en 2015, s'est dit préoccupé par la piraterie des œuvres artistiques congolaises.

Il a noté que cette piraterie est consécutive notamment au manque d'encadrement et de suivi de la production des artistes. Il a promis une campagne de sensibilisation qui devrait être lancée sur toute la province du Kongo centrale en vue d'éradiquer la contrebande des œuvres artistiques, avant d'inviter les autorités politico administratives et judiciaires à collaborer avec son service pour traquer la contrebande[82].

§5. La Société congolaise de droits d'auteur et la mise en œuvre de la protection des œuvres musicales sur le plan judiciaire

Il nous sera utile de savoir la protection en justice des droits d'auteurs (1) ainsi que des sanctions en cas de violations de ce droit (2).

1. La protection en justice des droits d'auteur et droits voisins en matière de production musicale.

Ici, il est question de dégager les enjeux de cette protection en cas de violation des droits patrimoniaux et des droits moraux.

A. La protection en cas de violation des droits patrimoniaux

Cette atteinte prend le plus souvent la forme d'une reproduction totale ou partielle de l'œuvre, la reproduction étant alors «contrefaisante». Toute la question est alors de

[82] www.africanewshub.com, la socoda/ Kongo central préoccupée par la piraterie des œuvres musicales, consulté le 17 juillet 2020.

savoir quand une œuvre est reproduite, fût-ce partiellement. Cette question est celle de la définition de la contrefaçon.

La jurisprudence et la doctrine considèrent qu'il y a contrefaçon lorsque l'œuvre arguée de contrefaçon présente avec l'œuvre contrefaite des ressemblances portant sur des éléments originaux de l'œuvre contrefaite.

En effet, c'est à l'auteur de décider de l'état dans lequel son œuvre sera divulguée. L'artiste pourra par contre invoquer son droit au respect pour s'opposer à ce que son interprétation d'une chanson ou d'une danse dans le cadre d'un clip musical, par exemple, soit réutilisée pour illustrer des publicités.

a. *Affaire Blaise BULA devant le Tribunal de grande instance de Ngaliema*

C'est le cas de l'affaire Blaise BULA, président intérimaire de l'union des musiciens congolais, qui a esté en justice contre une société de communication, opérant en RDC, devant le Tribunal de grande Instance de Ngaliema. Cette société est accusée d'avoir utilisé une des chansons de l'artiste comme sonnerie sans son accord.

Ses avocats devant le tribunal de commerce parmi lesquels Maître Jovit NGONGO a laissé entendre qu'il s'agira d'un procès exemplaire pour les malfrats, mieux pour les criminels des droits d'auteurs, des œuvres d'esprit, dans tous ses contours.

b. *Affaire Blaise BULA contre la Société Vodacom devant le Tribunal de commerce de Kinshasa-Gombe*

Au cœur d'un litige, l'interprétation d'une de ses chansons « *Mal à l'aise* » par un des candidats au concours Best of the Best 2ème édition, en 2015, sans paiement d'un droit quelconque. C'est au cours d'une audience publique, mardi 18 octobre 2016 que l'affaire a connu plaidoirie, après d'intenses bagarres judiciaires.

La Société Vodacom avait organisé un concours musical des jeunes talents qui devaient exécuter des chansons pour être votés, continuer l'aventure et remporter le prix. Avant de faire interpréter ce chant par le candidat, Vodacom n'a pas pris le soin de payer une redevance, conformément à l'article 21 de la loi sur la protection des droits d'auteurs et droits voisins du 5 avril 1986. En interprétant cette chanson, Vodacom a gagné beaucoup d'argent sans pour autant s'acquitter des droits de l'auteur, et le patrimoine de l'auteur s'est appauvri.

c. Affaire ZULU BLACK contre la RTNC.

Le 21 septembre 2016, monsieur ZULU BLACK s'était apprêté à porter plainte contre la RTNC pour avoir utilisé sa chanson intitulée *Justice* depuis plus de 6 années aujourd'hui. ZULU BLACK n'a cessé de se plaindre pour le fait qu'il n'a jamais rien touché comme droit d'auteur. Il se dit être exploité par la plus grande institution radiophonique du pays, la RTNC, qu'en réalité devrait s'occuper exclusivement de la régularisation de toutes les œuvres qui passent à l'antenne.

A cet effet, avant de saisir les instances judiciaires, il a pris l'initiative de saisir la SOCODA pour se rendre compte si cette société a déjà perçu les droits qui lui sont dus, par la simple reconnaissance et de l'exploitation de son œuvre au niveau de la RTNC.

Ainsi, par exemple, si une chanson est enregistrée, gravée sur un CD et mise ensuite en vente de manière licite (et donc, après avoir obtenu le consentement de l'artiste), l'artiste ne peut pas s'opposer à ce que cette chanson soit ensuite diffusée sur les ondes d'une radio ou dans une discothèque. En contrepartie, l'artiste a droit à une rémunération.

B. La protection en cas de violation des droits moraux

Le droit moral de l'auteur se compose, nous l'avons vu, de différentes prérogatives : le droit de paternité (ou le droit au nom), le droit de divulgation, le droit au respect de l'intégrité de l'œuvre et le droit de retrait ou de repentir (en France).

Le droit moral est attaché à la qualité d'auteur. Il confère à son titulaire le droit au respect de son nom, de sa qualité et de son œuvre. Le droit moral a un caractère perpétuel, inaliénable et imprescriptible. Il subsiste à l'expiration des droits pécuniaires et ne peut faire l'objet d'une renonciation ou d'un transfert par voie contractuelle.

Tout acte qui porte atteinte à l'une de ces prérogatives est sanctionné au titre de la contrefaçon[83]. Ainsi, par exemple, le fait de lever l'anonymat de l'auteur sans son consentement est condamné. De même, est sanctionné le fait de modifier l'œuvre sans le consentement de l'auteur.

a. Affaire FNAC contre Bisceglia, Philipe Gras et consorts devant la cour d'appel de Paris

La cour d'appel de Paris dans sa décision du 26 avril 2006, dans une affaire qui a opposé la Fédération nationale d'achat contre Bisceglia, Philipe Gras et Jacques Bisceglia sont les auteurs de photographies. Celles-ci ont été reproduites, sans leur autorisation, sur le CD intitulé Anthony Braxton.

---

[83] Article 96 de l'ordonnance – loi n°86-033 du 5 avril 1986.

Constatant que la FNAC assure la distribution dudit CD, ils l'ont assignée en contrefaçon. Le TGI de Paris a fait droit à leur demande.

***Décision de la cour**:*

Considérant que l'attention de la société FNAC, professionnelle qui connaît les règles applicables en matière de droits d'auteur, aurait dû être particulièrement attirée par l'absence de toute mention de nom de photographe sur la pochette du CD intitulé Anthony Braxton ; que le grand nombre de produits vendus ne la dispense pas de procéder à cette vérification, d'autant qu'elle ne conteste pas avoir vendu cette œuvre musicale sous la forme d'un disque vinyle dont la pochette indiquait les intimés en qualité de photographes ;

Qu'il s'ensuit que, d'une part, la société FNAC, en omettant de s'assurer de la licéité du CD litigieux, alors qu'il ne comportait aucune mention du nom des auteurs des photographies reproduites, a manqué à son obligation de vigilance et participé, en raison des carences dont elle a fait preuve, aux actes de contrefaçon et, d'autre part en qualité de débitante de l'œuvre contrefaisante, à la réalisation du dommage.

b. Affaire Yves Swolfs contre Michael Jackson et Bill Bottrell devant la cour d'appel de Bruxelles

Dans le cadre de la modification de l'œuvre, Le 18 décembre 2008, la cour d'appel de Bruxelles a tranché l'affaire Yves Swolfs contre Michael Jackson.

Dans cette affaire, Yves Swolfs, auteur-compositeur de la chanson «*B.D.R.B*» (éditée sur un disque portant le titre «Lazare») reprochait à Michaël Jackson et Bill Bottrell d'avoir contrefait son œuvre et d'avoir diffusé la contrefaçon sous le titre «G.I.T.M».

Décision de la cour :

La présence de similarités essentielles ne suffit pas à démontrer que la partie incriminée de plagiat a copié ou imité l'œuvre du plaignant. Il faut relever ici que tant la reprise consciente et intentionnelle résultant d'un contact direct avec l'œuvre, que sa reprise inconsciente par réminiscence d'une expérience passée constituent des emprunts constitutifs de contrefaçon…

En l'espèce, c'est à Yves Swolfs qu'incombe la charge de prouver que Michaël Jackson et Bill Bottrell ont eu accès
à son œuvre (articles 1315 du code civil et 870 du code judiciaire). À cet égard, Yves Swolfs expose, sans être pertinemment contredit, que le disque «Lazare» a été produit et diffusé en Belgique en 1988 et que Michaël Jackson s'est trouvé en Belgique au moins le 23 août de la même année.

Il souligne également, sans être sérieusement contredit, que le disque «Lazare» a été produit en France par E.M.I. sous le label «Big Beat Record» et a bénéficié de plusieurs passage à la télévision et en radio».

Ceci suffit à démontrer l'emprunt qui peut résulter d'une réminiscence inconsciente opéré par Michaël Jackson et Bill Bottrell dans B.D.R.B. de Yves Swolfs. Cette conclusion n'est pas énervée par l'affirmation de ces derniers, en ce qui concerne «G.I.T.M» qu'il s'est agi pour eux d'une création absolument indépendante ainsi qu'il ressort du compte rendu de l'enregistrement qui constitue la pièce 9 de leur dossier.

2.2. Les sanctions contre les violations des droits

Les auteurs qui estiment que leurs droits ont été violés peuvent agir en matière civile pour obtenir l'indemnisation du préjudice qui en découle, et peuvent également saisir les juridictions pénales afin d'obtenir le prononcé de sanctions pénales à l'encontre du contrefacteur.

A. Les mesures civiles

La charge de la preuve de l'atteinte à un droit de propriété intellectuelle pèse en principe sur celui qui s'en prévaut, conformément à l'adage *actori incumbit probatio*. Il revient donc en principe à la victime d'une atteinte à un droit de propriété intellectuelle d'établir la réalité de celle-ci, ce qui peut s'avérer être une tâche particulièrement difficile. La procédure en saisie-contrefaçon a pour objectif de faciliter l'administration de la preuve par la victime de la contrefaçon.

Cette procédure permet au titulaire d'un droit de propriété intellectuelle qui soupçonne l'existence d'une contrefaçon d'obtenir, *via* une procédure unilatérale et rapide, une autorisation en vue de faire opérer des constatations (saisie *descriptive*) et le cas échéant, de faire saisir certains objets à des fins essentiellement probatoires (*saisie réelle*).

C'est le cas de la plainte qu'ont initié Ferre GOLA, Koffi OLOMIDE et TSHALA MUANA qui ont fait de la lutte contre la piraterie leur cheval de bataille[84]. Cette plainte s'était adressée au ministère de la culture et des arts pour lui faire part de leurs préoccupations. Ces musiciens n'étaient pas contents du fait que leurs droits ne sont pas reconnus et que le fléau de la piraterie est en train de détruire leur musique.

Ils disaient qu'ils sont un produit commercial, et qu'ils n'ont pas besoin qu'on puisse les pirater. Toutes fois, ils ont salué l'initiative prise par le ministre de la culture et des arts pour s'en tenir de cette situation, et il leur a

---

[84] www.starducongo.com,affaireferregolacontrelapiraterie, consulté le 17 juillet 2020.

promis que dans les jours avenirs, qu'il prendra des mesures, ensemble avec les autorités politico-administratives, et le ministère de la justice, de faire face à cette situation.

Le droit congolais, quant à lui, prévoit que les titulaires des droits d'auteurs pourront, avec l'autorisation du juge du lieu de la contrefaçon, faire procéder, par un ou plusieurs experts que désignera ce magistrat, à la description des objets prétendus contrefaits ou des faits de contrefaçons et des ustensiles qui ont spécialement servi à les accomplir.

Nous remarquons ici que la législation congolaise ne prévoit pas une procédure en saisie-contrefaçon comme c'est le cas pour d'autres législations. Il est difficile pour un artiste musicien congolais de prouver la contrefaçon de son œuvre dont il est victime.

B. Les mesures pénales

La question ici est de chercher à savoir quelle est la mesure pénale à prendre lorsqu'il y a constat d'une contrefaçon des œuvres musicales ?

L'ordonnance–loi sous étude reste active dans ce domaine en ses articles 96 à 103. Cette ordonnance-loi prévoit la seule infraction qui peut entraver le droit d'auteur, la peine à infliger au contrefacteur, les infractions qui sont assimilées à la contrefaçon[85], et de la confiscation spéciale[86]. L'infraction pouvant entraver le droit d'auteur est la contrefaçon. Celle-ci est, comme dit *supra*, définie comme toute atteinte méchante ou

[85] Articles 96, 97 et 98 de l'ordonnance – loi n°86-033 du 5 avril 1986 portant protection des droits d'auteur et des droits voisins.

[86] Article 14 du décret du 30 janvier 1940 portant code pénal et article 101 de l'ordonnance – loi n°86-033 du 5 avril 1986 portant protection des droits d'auteur et des droits voisins.

frauduleuse portée en connaissance de cause aux droits d'auteur[87].

La peine infligée au contrefacteur est d'un mois à une année de servitude pénale principale et de 5.000 à 10.000 Zaïres pour la contrefaçon. Sera puni d'une année à cinq ans d'une servitude pénale principale et d'une amende de 10.000 à 50.000 Zaïres pour l'application méchante ou frauduleuse d'un ouvrage de musique, du nom ou de tout signe distinctif adopté par lui pour désigner son œuvre.

Les infractions qui sont assimilées à celle de la contrefaçon sont les suivantes : la vente, l'exposition, la location, la détention, l'importation et l'exportation des œuvres ou objets contrefaits lorsque ces actes auront été posés en connaissance de cause et dans un but commercial. Ceux qui vendent, exposent en vente, donnent en location, détiennent ou introduisent sur le territoire de la RDC dans un but commercial.

La confiscation quant à elle, est une mesure prévue par le code pénale congolais. Il s'agit ici d'une mesure consistant à détacher des mains du contrefacteur des revenus provenant des œuvres musicales contrefaites ; parce que ces recettes proviennent des œuvres faisant objet de l'infraction.

Il y a lieu de citer un cas de saisie de plus de 200 CD d'un vendeur sur l'initiative de la directrice provinciale de la SOCODA, X, qui regrette le trafic d'influence autour de la contrefaçon[88].

Dans le même registre des infractions au droit d'auteur, l'Arrêté Ministériel n°002/CAB/MJCA/94 du 30 janvier 1994 portant mesure d'exécution de l'Ordonnance-loi n°

[87] Article 19 de l'ordonnance – loi n°86-033 du 5 avril 1986 portant protection des droits d'auteur et des droits voisins

[88] www.journalmoncongo.over-blog.com Kisangani la piraterie envahit le marché du disque, consulté le 17 juillet 2020.

86-033 du 05 avril 1986 spécialement en son article 6 érige en infractions, malheureusement impunies :

- Toute utilisation des œuvres de l'esprit sans l'autorisation de l'organisme national chargé de la protection et de la gestion des droits d'auteur ;
- Tous refus de paiement dans le délai réglementaire des redevances dues de l'exploitation des œuvres de l'esprit ;
- Toute fausse déclaration des recettes.

Face à l'évolution alarmante des nouvelles technologies de l'information et de la communication en RDC, curieusement jusqu'ores, il n'existe pas des dispositions spécifiques concernant l'atteinte au droit d'auteur sur internet.

Conclusion

La compréhension du droit congolais de la propriété intellectuelle passe par l'autopsie du cadre juridique et institutionnel protégeant les œuvres d'esprit utilisées soit comme objet de commerce ou d'industrie ou encore comme œuvres littéraires, artistiques ou musicales.

Ainsi, de 1885 à 1981, les droits de propriété intellectuelle étaient régis tour à tour au Congo par les décrets du Roi souverain des belges du 29 octobre 1886 sur les brevets, du 26 avril 1888 sur les marques de fabrique et de commerce, du 24 avril 1922 sur les dépôts de dessins et modèles industriels et du 21 juin 1948 relatif à la protection du droit d'auteur.

Indépendante depuis le 30 juin 1960, c'est seulement en 1982 que la RDC a reconnu la nécessité d'adapter sa législation interne pour se conformer à ses obligations internationales, étant partie, depuis le 2 octobre 1963, à la convention de Berne de 1886 sur la protection de la propriété littéraire et artistique et, depuis le 31 janvier 1975, à la convention de Paris de 1883 sur la protection de la propriété industrielle.

Par rapport à la propriété industrielle, la toute dernière réforme législative a abouti à la loi n° 82-001 du 7 janvier 1982 régissant la propriété industrielle, qui du reste, présente d'énormes lacunes qu'il faille combler pour l'adapter au contexte actuel de la science et des nouvelles technologies.

Quant à la réforme de la loi sur la propriété littéraire et artistique, elle a débouché, quatre années plus tard, sur l'ordonnance-loi n° 86-033 du 5 avril 1986 portant protection des droits d'auteurs et droits voisins.

En dehors de ce cadre législatif interne, la RDC est à la fois membre de l'OMPI depuis le 28 janvier 1975 et de l'OMC depuis le 1er janvier 1997. A côté des conventions de Paris et la convention de Berne et parmi les 22 traités en matière de propriété intellectuelle administrés par l'OMPI, la RDC a adhéré, depuis le 29 novembre 1977, à la convention pour la protection des producteurs de phonogrammes contre la reproduction non autorisée de leurs phonogrammes (convention de Genève, 1971). En outre, elle est aussi signataire au Traité de Singapour sur le droit des marques (2006).

Le mouvement législatif congolais en matière de propriété intellectuelle s'est arrêté en 1982 (propriété industrielle) et en 1986 (propriété littéraire et artistique). Nous sommes actuellement en 2022, et il est indispensable que les autorités nationales compétentes "rattrapent" le retard car une législation ne doit pas être statique, mais dynamique et surtout au regard de l'évolution de nouvelles technologies de l'information et de la communication.

Dotée d'un potentiel énorme en œuvres musicales, artistiques et littéraires, la RDC peut contribuer elle-même, à travers une loi moderne et appropriée, à une amélioration substantielle des conditions socio-économiques des artistes et musiciens…, même si elle ne dispose pas encore d'une capacité technologique suffisante.

Il est donc nécessaire, d'une part, que la législation congolaise en matière de propriété intellectuelle soit conforme à l'accord sur les ADPIC et aux nouveaux traités de l'OMPI et, d'autre part, que la RDC a adhérés comme le traité de l'OMPI sur le droit d'auteur, le protocole de Madrid et le traité PCT.

Il est à retenir que certains aspects de protection juridique et judiciaire des droits intellectuels ont été renforcés par la loi organique n°18-020 du 09 juillet 2018 relative à la liberté de prix et à la concurrence.

Bibliographie

0.1. Instruments juridiques internationaux

- Convention de Paris de 1883 sur la protection de la propriété industrielle, disponible sur www.wipo.int.
- Convention de Berne de 1886 sur la protection des œuvres littéraires et artistiques, mise à jour en 1908, disponible sur www.wipo.int.
- Convention de Rome de 1961 sur la protection des artistes interprètes ou exécutants, des productions de phonogrammes et organisme de Radiodiffusion, disponible sur www.wipo.int.
- Traité sur la propriété intellectuelle en matière de droits intégrés (Traité IPIC) adopté à Washington le 26 mai 1989, disponible sur www.wipo.int.
- Organisation mondiale de la propriété intellectuelle fondée le 14 juillet 1967 par l'Acte de Stockholm entré en vigueur le 26 avril 1970 avec des dispositions mises à jour dans les conventions de Paris et de Berne, disponible sur www.wipo.int.
- Organisation mondiale du commerce : accord de Marrakech constituant l'aboutissement du cycle d'Uruguay, notamment l'Accord sur les droits de propriété intellectuelle qui touchent au commerce (ADPIC), disponible sur www.wto.int.

0.2. Instruments juridiques de la RDC

- Constitution du 18 février 2006 telle que modifiée par la loi n° 11/002 du 20 janvier 2011 portant révision de certains articles de la constitution de la RDC du 18

février 2006 publiée au *Journal Officiel de RDC, numéro spécial, 52ème année.*
- Décret du Roi souverain des belges du 26 avril 1888 sur les marques de fabrique et de commerce, disponible sur *www.leganet.cd*.
- Décret du Roi souverain des belges du 29 octobre 1886 sur les brevets, disponible sur *www.leganet.cd*.
- Décret du 30 juillet 1888_ des contrats et obligations conventionnelles, disponible sur *www.leganet.cd*.
- Décret royal du 24 avril 1922 sur les dépôts de dessins et modèles industriels, disponible sur *www.leganet.cd*.
- Décret du 30 janvier 1940 portant code pénal congolais, disponible sur *www.leganet.cd*.
- Décret du 21 juin 1948 relatif à la protection du droit d'auteur et droits voisins, disponible sur *www.leganet.cd*.
- Loi organique n°18-020 du 09 juillet 2018 relative à la liberté de prix et à la concurrence, disponible sur *www.leganet.cd*.
- Loi n°82-001 du 7 janvier 1982 régissant la propriété industrielle, disponible sur *www.leganet.cd*.
- Ordonnance - loi n° 86-053 du 5 avril 1986 portant protection des droits d'auteurs et des droits voisins, disponible sur *www.leganet.cd*.

0.3. Autres documents

- KWAMI M., *Lutte contre la piraterie – La RDC tente sa première expérience avec un support USB*, disponible sur *www.africanouvelles.com*, consulté le 18 juillet 2020.
- Statuts harmonisés à l'OHADA de la SOCODA du 15 juillet 2015.

- *www.africanewshub.com*, la socoda/ Kongo central préoccupée par la piraterie des œuvres musicales, consulté le 17 juillet 2020.
- *www.goupedentreprisepriveelavenir.comzulublacksappreteàporterplaintecontrelaRTNC* consulté le 17 juillet 2020.
- *www.journalmoncongo.over-blog.com*, Kisangani la piraterie envahit le marché du disque, consulté le 17 juillet 2020.
- *www.lepotentiel.com/index.phpoption=com-content&view=article&id=3796:lasocoda-recoit-des-fonds-de-la-sabam-pour-payer-les-droits-des-artistes-et-createurs-de-la-RDC&=90:Online*, consulté le 17 juillet 2020.
- *www.radiookapi.net/mot-cle/SOCODA*, consulté le 17 juillet 2020.
- *www.starducongo.com,affaireferregolacontrelapiraterie*, consulté le 17 juillet 2020.

TABLE DES MATIERES

Structures éditoriales du groupe L'Harmattan

L'Harmattan Italie
Via degli Artisti, 15
10124 Torino
harmattan.italia@gmail.com

L'Harmattan Hongrie
Kossuth l. u. 14-16.
1053 Budapest
harmattan@harmattan.hu

L'Harmattan Sénégal
10 VDN en face Mermoz
BP 45034 Dakar-Fann
senharmattan@gmail.com

L'Harmattan Cameroun
TSINGA/FECAFOOT
BP 11486 Yaoundé
inkoukam@gmail.com

L'Harmattan Burkina Faso
Achille Somé – tengnule@hotmail.fr

L'Harmattan Guinée
Almamya, rue KA 028 OKB Agency
BP 3470 Conakry
harmattanguinee@yahoo.fr

L'Harmattan RDC
185, avenue Nyangwe
Commune de Lingwala – Kinshasa
matangilamusadila@yahoo.fr

L'Harmattan Congo
67, boulevard Denis-Sassou-N'Guesso
BP 2874 Brazzaville
harmattan.congo@yahoo.fr

L'Harmattan Mali
ACI 2000 - Immeuble Mgr Jean Marie Cisse
Bureau 10
BP 145 Bamako-Mali
mali@harmattan.fr

L'Harmattan Togo
Djidjole – Lomé
Maison Amela
face EPP BATOME
ddamela@aol.com

L'Harmattan Côte d'Ivoire
Résidence Karl – Cité des Arts
Abidjan-Cocody
03 BP 1588 Abidjan
espace_harmattan.ci@hotmail.fr

Nos librairies en France

Librairie internationale
16, rue des Écoles
75005 Paris
librairie.internationale@harmattan.fr
01 40 46 79 11
www.librairieharmattan.com

Librairie des savoirs
21, rue des Écoles
75005 Paris
librairie.sh@harmattan.fr
01 46 34 13 71
www.librairieharmattansh.com

Librairie Le Lucernaire
53, rue Notre-Dame-des-Champs
75006 Paris
librairie@lucernaire.fr
01 42 22 67 13

www.ingramcontent.com/pod-product-compliance
Lightning Source LLC
LaVergne TN
LVHW051354061026
849535LV00009B/3176